BASTEI
LÜBBE
TASCHENBUCH

Weitere Titel des Autors:

Rettet das Zigeuner-Schnitzel!

Finger weg von unserem Bargeld!

Titel auch als E-Book und Hörbuch erhältlich

Über den Autor:

Peter Hahne, Jahrgang 1952, studierte evangelische Theologie,
Philosophie und Germanistik. Stationen: Chefredaktion Politik
des Saarländischen Rundfunks, seit 1985 beim ZDF als Moderator
und Redakteur der Nachrichtensendungen »heute-journal«
und »heute«. Von 1999 bis 2010 stellvertretender Leiter des ZDF-
Hauptstadtstudios, jetzt moderiert er die nach ihm benannte,
sonntägliche Talksendung. Zahlreiche Bestseller mit 8 Millionen
Gesamtauflage, darunter »Rettet das Zigeuner-Schnitzel!«,
»Finger weg von unserem Bargeld!« und »Niemals aufgeben –
Mit welchen Werten wir in Führung bleiben«

Peter Hahne

Raue Sitten, freche Lügen

Womit haben wir das verdient!

BASTEI
LÜBBE
TASCHENBUCH

BASTEI LÜBBE TASCHENBUCH
Band 60966

Taschenbuchausgabe
der bei Quadriga getrennt erschienenen Hardcoverausgaben
»Rettet das Zigeuner-Schnitzel!« und »Finger weg von unserem Bargeld!«

Copyright © 2017 by Bastei Lübbe AG, Köln
Umschlagmotiv: Olivier Favre
Umschlaggestaltung: fuxbux, Berlin
Satz: fuxbux, Berlin
Gesetzt aus der Proforma
Druck und Verarbeitung: CPI books GmbH, Leck – Germany
Printed in Germany
ISBN 978-3-404-60966-6

5   4   3   2   1

Sie finden uns im Internet unter www.luebbe.de
Bitte beachten Sie auch: www.lesejury.de

Ein verlagsneues Buch kostet in Deutschland und Österreich jeweils überall dasselbe.
Damit die kulturelle Vielfalt erhalten und für die Leser bezahlbar bleibt, gibt
es die *gesetzliche Buchpreisbindung.* Ob im Internet, in der Großbuchhandlung,
beim lokalen Buchhändler, im Dorf oder in der Großstadt – überall bekommen Sie Ihre verlagsneuen Bücher zum selben Preis.

Inhalt

Vorwort

Der Dichter Jean Paul schrieb einst treffend: »Bücher sind dicke Briefe an Freunde.« Jetzt haben Sie gleich zwei Titel in einem »Freundschaftsband«. Ich danke dem Lübbe Verlag, beide Bestseller noch einmal als Taschenbuch herauszugeben. Wie weit sie bereits verbreitet sind, zeigen mir überraschende Reaktionen.

Ein Kellner deutete auf die Speisekarte und meinte: »Wir haben es wieder!« Aus dem politisch korrekten Paprikasteak war wieder das gute alte Zigeunerschnitzel geworden. Unverkrampft nennt ein schwarzer Kieler Koch, aus Nigeria stammend, sein Lokal »Zum Mohrenkopf«. Locker bleiben, sein Motto. Beim Kassieren ersparen sich wildfremde Menschen die übliche Frage »Bar oder mit Karte?« und meinen vielsagend: »Na, bei Ihnen weiß man ja Bescheid.« Untrügliche Zeichen, dass die Bücher nicht im Regal verstauben.

Viele der folgenden Texte lesen sich, als wären sie gerade erst geschrieben. Es hat sich nichts geändert, manche erscheinen tagesaktuell. Wenn man die unendliche Pleite-Geschichte des Berliner Skandal-Flughafens verfolgt, muss man nur Namen austauschen. Seit Juni 2012 soll er in regelmäßigen Abständen eröffnet werden, Manager haben gewechselt, Aufsichtsräte blieben auf ihrem politischen Posten kleben. Jeden Tag rund 1,3 Millionen kostbare Steuer-Euros in den märkischen Sand gesetzt! Verantwortlich will niemand sein.

Aber auch andere Kolumnen lesen sich heute, als wären sie erst gestern geschrieben. VW ist ein Paradebeispiel.

Die Polizei wird außerhalb politischer Sonntagsreden immer stärker zum Hassobjekt von Gewalttätern statt Freund und Helfer. Da bringt ein Drogensüchtiger erst seine Oma um und fährt noch am selben Tag zwei Polizisten tot.

Selbst die Kölner Silvesternacht von 2015 ist noch nicht aufgeklärt, außer dem »Bauernopfer« Polizeipräsident ist noch niemand zurückgetreten. Doch inzwischen hat der Wähler das entscheidende Wort gesprochen, der mündige Bürger.

Und zu meinem Bedauern werden angeprangerte Un-Wörter wie »vorprogrammiert« oder »ich entschuldige mich« nach wie vor von selbst ernannten Qualitätsmedien fröhlich falsch gebraucht. Ganz zu schweigen von manch anderem Grammatik-Murks im Gender-Wahn, alles topaktuell! Das gilt auch für meinen offenen Brief an den türkischen Präsidenten Erdogan.

Kurze Kolumnen zwingen den Autor zu Klartext – ohne weitschweifende Wortgirlanden und lyrisches Geklingel. Probleme auf den Punkt bringen, raue Sitten und freche Lügen entlarven, ohne das Positive zu vernachlässigen: Dazu will dieses Buch provozieren, wobei ich Überspitzungen bewusst einkalkuliert habe. Demokratie lebt von Bürgern, die ihren Mund aufmachen und sich nicht entmündigen lassen. Das gilt auch für den Dauerbrenner »Abschaffung des Bargeldes«. Die Politik ist da inzwischen viel vorsichtiger geworden, denn bei Wahlen können aus Stimmungen schnell (fehlende) Stimmen werden. Das Bekenntnis zum Bargeld steht inzwischen, obwohl es ganz anders geplant war, im Wahlprogramm der CDU. Dostojewskis Zitat bleibt aktuell in einer Zeit, in der Meinungsfreiheit ein bedrohtes Gut und Sicherheit gefährdet ist: »Bargeld ist geprägte Freiheit.«

Peter Hahne (Berlin),
im Frühjahr 2017

Mit jeder Lüge sagen wir die Wahrheit über uns selbst

Am meisten gelogen wird vor einer Wahl, während eines Krieges und nach einer Jagd, meinte der »Eiserne Kanzler« Otto von Bismarck.

Ich dürfte hier gar nicht mitreden, hält sich doch so hartnäckig wie die Regenfront das Vorurteil: »Lügen wie gedruckt«; oder dass man in der Politik sein Gewissen an der Garderobe abgeben muss. Doch neueste Studien entlarven unsere ganze Gesellschaft als einziges Lügenkomplott: Alle zehn Minuten lügt der Mensch. Am meisten in der Jugend und gegenüber den Eltern.

Ist Lüge immer gleich Lüge? Klar, noch nie wurde einem das Lügen so leicht gemacht. Merkte man früher allenfalls durch Augenkontakt oder an der Stimme des anderen am Telefon, ob jemand nicht die Wahrheit sprach, wird in den Internetforen unbemerkt und hemmungslos gelogen, dass die Monitore flimmern. Oder glauben Sie den Alters-, Vermögens- und Charakterbeschreibungen der anonymen Chatter?

Wer Finanzamt, Versicherung oder Partner betrügt, ist ein Lügner. Doch soll ich meinem Nachbarskind, das mir eine bunte Kritzelei unter die Nase hält und steif und fest behauptet, es handele sich dabei um mich am Strand, die Wahrheit über sein Kunstwerk sagen? Auch bei Kranken wird es schwer. Wer die Wahrheit hören will, den sollte man vorher fragen, ob er sie auch erträgt. Wahrheit kann manchmal unbarmherziger sein als (Not-)Lüge.

Alles, was wir sagen, sollte wahr sein. Aber nicht alles, was wahr ist, muss man auch sagen. Dazu kann man Kinder erziehen, ohne sie zum Lügen zu verführen.

Lügen heißt: zum eigenen Vorteil oder aus Angst vor Nachteilen die Wahrheit verschweigen. Man sollte das nicht als Schummeln und Mogeln, als Ausflüchte und Ausreden verharmlosen. Wer notorisch lügt, zerstört seine Persönlichkeit: »Die Lüge ist wie ein Schneeball. Je länger man ihn wälzt, desto größer wird er.« (Martin Luther, immerhin schon vor 500 Jahren.)

Lüge erstickt, Wahrheit befreit. Und durch Lügen sagt ein Mensch letztlich die Wahrheit über sich selbst.

Im Namen der Sicherheit: Schutz- statt Sprachpolizei!

Zur Jahresbilanz gehört auch immer die Kriminalstatistik. Was 2015 geboten wurde, ist erschreckend: Immer mehr Einbrüche! Alle vier Minuten ein »Bruch« in Deutschland, oft am helllichten Tage und in Anwesenheit der Bewohner. Eine Kollegin erlebte es, dass in ihrer Straße gleich drei Raubzüge in einem Monat stattfanden, weil sich die Banden ja nicht absprechen. Der klassische »Ede« machte noch einen Zinken, ein Geheimzeichen ans Haus. Heute kommen diverse fremde Banditen mit einem Transporter vorgefahren, sodass es Häuser mehrfach treffen kann. Das Schlimmste ist jedoch das Ergebnis einer Umfrage, nach der mehr als die Hälfte der Bundesbürger kein Vertrauen mehr in die Sicherheit hat und sich mehr vor dem Generalangriff auf ihr Allerprivatestes fürchtet als vor Terror. Dem Staat trauen die wenigsten. Ein Alarmzeichen! Der weiß nichts Besseres, als zu verkünden: Dann muss die Polizei mehr patrouillieren. Ja, was sollen die Beamten denn noch alles machen?! Das Beste wäre, endlich diesen Unsinn mit offenen Grenzen und der Political Correctness bei den Täterbeschreibungen aufzugeben.

Fragt man auf einer Pressekonferenz nach den Tätern, beginnt ein elender Eiertanz, es wird herumgeredet und an der Sache, und damit einem möglichen Fahndungserfolg, vorbei. Dasselbe war bis an die Grenze des Peinlichen zu beobachten, als der Kölner Polizeipräsident den arabischen Mob beschreiben sollte, der in der Silvesternacht 2015/16 direkt am Dom über mehr als 1000 Frauen hergefallen ist. Die Zahl der Anzeigen lag bei über 800, doch manche Frauen trauen sich nicht an die Öffentlichkeit. – Der Polizeichef wand sich hin und her, vermutlich seine rot-grüne Aufsichts-Regierung drohend im Nacken, bis ihm ein »dem Aussehen nach wahrscheinlich aus dem nordafrikanischen Raum« entfuhr. Während der Bundesjustizminister (noch peinlicher) von »organisierter Kriminalität« sprach. Das ist reif für Diplome in Sprachkosmetik. Keine Rede vom Frauenbild junger arabischer Einwanderer! Die hessische Polizei musste sogar zugeben, sie habe Anweisung »von oben« (Innenminister), Kriminalität von Asylbewerbern zu verschweigen, bestenfalls zu beschönigen und Informationen nur auf ausdrückliche Nachfrage der Presse rauszugeben. In der *Bild am Sonntag* (10.1.2016) kommentierte ich unter großer Zustimmung des Leserechos: »Wahrheit ist immer noch die beste Waffe gegen Verschwörungstheorien. Die Vertuscher haben sich und den

Opfern einen Bärendienst erwiesen und den falschen Leuten in die Hände gespielt.«

Nur unter vier Augen gibt's meist Klartext, weil der Schutz(!)polizei durch die politische Sprachpolizei Fesseln angelegt werden. Warum darf man denn nicht klar sagen, wenn's doch der Fahndung und damit der Sicherheit hilft, dass es sich um einen dunkelhäutigen Mann oder eine auffallend blonde Frau gehandelt hat, dass der eine einen osteuropäischen Zungenschlag hatte und die andere friesisch oder schwäbisch sprach? Jeder weiß doch, dass die Einbrecherbanden meist aus Osteuropa kommen, über unsere völlig unkontrollierten Grenzen, wo man sich ja noch nicht mal die Mühe einer Passfälschung machen muss, zu ihren Raubzügen zum Beispiel in Berlin einfallen und schnell mit ihrer Beute wieder verschwinden. Das zu verheimlichen, ist verdächtiger und für das Vertrauen in unseren Staat abträglicher, als es offen zu benennen. Die meisten Einbrüche finden deshalb in Autobahnnähe statt, Bonn ist ein Eldorado. Auch aus diesem Grund ist die Einbruchskriminalität in Nordrhein-Westfalen mit dem dichtesten Straßennetz allein 2015 um 20 (!) Prozent gestiegen. Das Verheerendste ist, die eigenen Bürger hinters Licht zu führen beziehungsweise den Eindruck zu erwecken, man würde etwas verheimlichen. Der Bundesinnenminister brachte es doch tatsächlich fertig, in der live übertragenen Pressekonferenz zur Absage eines Fußballländerspiels in Hannover auf die Frage der Gründe zu antworten: Das könne er nicht sagen, »weil es die Bürger verunsichern würde«. Wer bis dahin nicht verunsichert war, war es in dem Augenblick. Indem man der Polizei den Mund verbietet, wird auch der Bürger entmündigt. Er traut sich nicht mehr, die Wahrheit zu sagen.

Die Sprachkosmetik der politisch Korrekten war ja der Anlass meines Buches *Rettet das Zigeuner-Schnitzel!*. Immer noch ein Bestseller! Bin ich denn Rassist, wenn ich in einem dringenden Fahndungsaufruf den mutmaßlichen Täter mit allem beschreibe, was der Fahndung dient? Bin ich Rassist, wenn ich mit großem Appetit das wunderbare Zigeunerschnitzel esse oder als Nachspeise in Österreich einen »Mohr im Hemd«? Das zu behaupten, ist so irre wie der Unsinn des Gender-Wahns. Die Literatur-Nobelpreisträgerin Herta Müller, selbst aus Rumänien/Siebenbürgen stammend, gibt mir völlig recht, da es natürlich Zigeuner bis heute gibt, die auch stolz darauf sind und einen eigenen König haben. Oder eine souveräne Linken(!)-Abgeordnete und einzige Roma im Europaparlament, die es in der Illustrierten *Stern* sogar zur dicken Schlagzeile brachte: »Behaltet doch Euer Zigeunerschnitzel!« Weiter sagte sie: »Es gibt wichtigere Probleme.« Recht hat sie.

Wenn mehr als die Hälfte der Bürger kein Vertrauen mehr hat, dass der Staat ihnen Sicherheit gewährleistet und alles dafür tut, dann ist das ein Alarmzeichen. Einbrüche sind schon deshalb furchtbar (und ich unterstütze die Bundestagsinitiativen, die Strafe wegen »seelischer Schäden« der Opfer raufzusetzen), weil nicht nur Wertsachen gestohlen werden, sondern fremde Gruppen in meiner Wohnung stöbern, Schränke und Schubladen durchwühlen und damit das Privateste, was es nach deutschem Recht gibt, verletzen. Es wird Zeit, die Schönredner und Sprachpolizisten zum

Schweigen zu bringen, die Polizei mit offenem Visier fahnden zu lassen – und dann allerdings auch Gerichte zu haben, die die Täter nicht mit kuscheliger Milde behandeln, sondern das Gesetz ausschöpfen, damit die verdiente Strafe dem Bürger signalisiert: Ihr könnt dem Rechtsstaat vertrauen.

Finger weg von unserem Bargeld!

Ein Europaabgeordneter, der es eigentlich besser wissen sollte, empörte sich, als ich eine Sendung zum Thema »Rettet unser Bargeld vor dem Zugriff der EU« ankündigte. Ich sei wohl einem Aprilscherz aufgesessen, meinte er, während in der Presse längst Experten die Vor- und Nachteile diskutierten, die eine totale Abschaffung des Bargeldes zugunsten eines rein digitalen Zahlungsverkehrs bringen würden. Die Pläne seien schon in der Schublade, alles nur noch eine Frage der Zeit. Die Schweden waren zu der Zeit bereits kurz vor dem endgültigen Aus ihrer Krone als Zahlungsmittel in Scheinen und Münzen, warum also nicht auch die EU?!

Im Januar 2016 (und nicht am 1. April!) wurde die Katze aus dem Sack gelassen. Ausgerechnet auf dem wichtigen Weltwirtschaftsforum in Davos, in Gegenwart führender internationaler Ökonomen und Politiker, unter ihnen die deutsche Kanzlerin, stellte der Chef der Deutschen Bank, John Cryan, die These in den Raum: »In zehn Jahren ist das Bargeld verschwunden.« Die Zukunft heißt: virtuelles Geld mit digitaler Zahlweise. Klar, den Großbanken und ihren Polit-Lobbyisten kommt das gelegen: Bei den zu erwartenden »Minus-Zinsen« kann der Bürger nicht mehr ins Bargeld flüchten (Stichwort Kopfkissen), ihm wird die »Zins-Differenz« gleich elektronisch abgebucht. Volks- und Raiffeisenbanken und die Sparkassen dürften da weniger euphorisch sein, haben sie doch eine ganz andere Unternehmensstruktur und -philosophie, die »nah am Kunden und im Dienste der Sparer« ist.

Da schrillen bei mir alle Alarmglocken! Das ist keine Technikverweigerung, keine Ablehnung des Fortschritts zugunsten verknöcherter Traditionen, das gebietet die Vernunft: Finger weg von unserem Bargeld, sonst haben wir bald den total gläsernen Menschen. Wer dafür offen ist, kann doch nicht ganz dicht sein!

Trendforscher, Finanzexperten und Politiker säuseln uns Vorteile ins Ohr und lullen den kritischen Verstand ein. Der sagt: Wenn wir nur noch mit Kreditkarte und per Computer bezahlen (können), sind wir für Banken und Behörden ein offenes Buch. Unser gesamtes Konsumverhalten ist dann zu kontrollieren und zu registrieren, man kann per Knopfdruck ermitteln, wer was wann wo eingekauft oder bezahlt hat. Weder Aufenthaltsorte noch Geldbewegungen, weder die konkrete Ware noch der Laden sind vertraulich, alles liegt offen. Wer das Bargeld abschafft, raubt uns das letzte Stück Individualität und Privatheit – ich bin höchst erstaunt, dass die Gegner von »Lauschangriffen« und Vorratsdatenspeicherung nicht aufschreien. Und wieder stellt der entmündigte Bürger fest: Die angeblichen Hüter unserer Freiheit sind auch nur opportunistische Heuchler. Peinlich, wenn man mangels Argumenten sogar ins Feld führt, dass sich auf Geldscheinen rund 3000 verschiedene Bakterien befinden. Dann sollte man sich am besten auch nie mehr die Hand geben!

Schwere Geschütze fahren die Überzeugungstäter auf, die völlig aufs Bargeld verzichten wollen: Elektronik sei sicherer und schneller, Bargeld sei etwas für Geldwäscher, Schwarzarbeiter und Steuerhinterzieher. Eine ungeheuerliche Irreführung und ein lächerlicher Generalverdacht. Die Wahrheit: Inzwischen wissen wir, dass sich zum Beispiel der islamische Terrorstaat IS mit bargeldlosen Transaktionen und Hacker-Angriffen auf Konten und Banken am Leben erhält. Die hochgelobten »Bitcoins«, eine bereits eingeführte digitale Währung, gelten unter Experten als neue Terroristenwährung. Das wurde uns einst als die große Errungenschaft bargeldlosen Zahlens verkauft! Ende 2015 wurde ein junger Amerikaner zu elf Jahren Haft verurteilt, »weil er eine minutiöse Anleitung dazu verfasst hat, wie der Islamische Staat (IS) seinen Krieg über digitale Spenden finanzieren könnte – mit sogenannten Bitcoins, einer digitalen Währung im Internet« *(DIE ZEIT)*.

Verraten und verkauft, wer an das Ammenmärchen von Fortschritt und Sicherheit glaubt! Das sicherste Zahlungsmittel ist immer noch das Bargeld. Aus der Geldbörse können Taschendiebe ein paar Scheine klauen, per Hacker-Angriff kann man ganze Konten leer räumen. Mich wundert, dass man von den sonst politisch beredten Kirchen und Sozialverbänden nichts hört. Sollen etwa Bettler, Obdachlose oder Spendensammler künftig mit einem Kartenlesegerät unterwegs sein, ganz zu schweigen vom kirchlichen Klingelbeutel?!

Und was ist das für eine Demokratie, die einem die freie Wahl zwischen bar und Kreditkarte nimmt und einem das bargeldlose Verfahren alternativlos aufzwingt?! »Zugespitzt: Diktatur wird billiger, denn man kann mit wesentlich weniger Mitarbeitern das Verhalten aller Menschen kontrollieren« (Wirtschaftsprofessor Gerald Mann). Deshalb: Finger weg!

Maßlose Manager und eine geistvolle Geschäftsfrau

Das hatte ich nun wirklich nicht erwartet. Nach dem VW-Skandal vom Herbst 2015 hatte ich Deutschlands älteste aktive Autohändlerin in meine Sendung eingeladen. »Was haben Sie gedacht, als Sie hörten, dass VW mit krimineller Energie bei Millionen von Dieselfahrzeugen den Abgasausstoß manipuliert hat?«, war meine erste Frage. Da nahm die 84-jährige Fritzi Bimberg-Nolte, Chefin von neun Autohäusern in Westfalen, einen Kieselstein aus der Tasche und legte ihn auf den Moderationstisch. »Den trage ich seit Jahrzehnten bei mir; ich habe ihn aus einem Gottesdienst mitgenommen, in dem der Pastor über den Bibelspruch aus Johannes 8, Vers 7 gepredigt hat: ›Wer ohne Sünde ist, der werfe den ersten Stein.‹ Das gilt auch jetzt im Fall VW.« Wummmms, damit hatte ich nicht gerechnet. Und die weise, lebenserfahrene Frau doppelte sogar noch nach: »Der Konzern hat um Verzeihung gebeten und will alles wiedergutmachen, deshalb vergebe ich.« Am nächsten Tag war das die Titelzeile in der Presse: »Autohändlerin vergibt VW«.

Und was macht der Wolfsburger Weltkonzern? Statt den Worten Taten folgen zu lassen, geht fast alles so weiter wie bisher. Der geschasste Chef Martin Winterkorn wird mit dem »goldenen Handschlag« verabschiedet: 94 000 Euro Rente im Monat, vierundneunzigtausend! Das ist einfach unanständig und pervers, auch wenn es der Rechtslage entsprechen mag. Dann kam raus, dass die Konzernzentrale sich quasi einen eigenen Flughafen und eine eigene Flotte hält: Zehn (!) firmeneigene Jets können jederzeit von Braunschweig aus starten, um die leitenden Leute zum Wochenende nach Hause oder in den Urlaub zu fliegen. Die größte Maschine ist der Airbus ACJ319, Kaufpreis satte 70 Millionen Euro. Würde man diesen Firmenjet chartern, kostete die Flugstunde 22 000 Euro! Ein Zeichen wäre es gewesen, diesen Luxus stante pede abzuschaffen. Aber doch nicht bei VW, wo zu Firmenpartys mal eben Millionen teure Showstars wie Robbie Williams oder Lenny Kravitz eingeflogen werden. Während die Belegschaft um die Arbeitsplätze bangt, wird fröhlich weitergemacht, als wäre nie etwas gewesen.

Mir tun aufrechte Leute wie Fritzi Bimberg-Nolte leid. Sie hätte auch sagen können, dass sie sich betrogen fühlt und den unverschuldeten Skandal nun ausbaden muss, weil die Kunden bei ihr und nicht bei der Konzernzentrale Dampf ablassen – und die Nachfrage nach einem VW erst mal eingebrochen ist. Diese geistvolle Geschäftsfrau tut das nicht. Wenn ich VW wäre, hätte ich ihre Vergebung als Anzeige geschaltet und feierlich erklärt, dass man nun auf alle Privilegien, wirklich alle, verzichtet und die Betrüger bestraft. Nichts dergleichen! Meine Oma lebte nach dem Leitspruch: »Das gehört sich nicht!«. Das scheint selbst Manager von Pleitefirmen oder gescheiterte Chefs wenig zu jucken. Wie pervers müssen ein Denken und wie unanständig eine Haltung sein, dass man keinerlei Gespür mehr für Maß und Mitte hat. Wen wundert es da noch, wenn Bürger sich von unserem System abwenden oder die Volkspartei der Nichtwähler immer größer wird.

Lasst Naya mit ihren Eltern nach Deutschland!

Werden wir von Politikern regiert, die Herzen aus Stein haben? Von Regierungschefs, die sich hinter Paragrafen verstecken und denen es an Mitmenschlichkeit fehlt?

Zu diesem Schluss kann man kommen, wenn es nach dem Brüsseler EU-Gipfel zur Flüchtlingspolitik eiskalt hieß: Trotz der Tragödien vor Lampedusa, vor den Küsten Italiens und Maltas wird nichts geändert; Flüchtlinge aus Afrika sind nicht willkommen, auch wenn sie sich in Berlin oder Hamburg demonstrativ zu Tode hungern.

»Dublin 2« heißt das Zauberwort, eine Verordnung, nach der sich der EU-Staat um Flüchtlinge kümmern muss, dessen Boden sie als Erstes betreten haben. Auch wenn ich damit herzlos wirke: Die Politik hat recht, dass wir das soziale Gefüge Europas nicht über Gebühr belasten dürfen und eben nicht jeder, der vor Armut – und nicht vor Krieg oder politischer Verfolgung – flüchtet, bei uns Aufnahme finden kann. Deutschland kann nicht das Sozialamt für die halbe Welt sein.

Doch jede Regel hat bekanntlich eine Ausnahme, jeder

Paragraf kennt eine Hintertür. Und diese muss man für die kleine Naya und ihre Eltern aus dem syrischen Aleppo öffnen. Ich finde es erbärmlich, dass hier nach Gesetzeslage und nicht nach Menschlichkeit entschieden wird.

Nayas Eltern sind unter Lebensgefahr dem Bürgerkrieg entronnen, im Mittelmeer vor Malta ertranken ihre beiden kleinen Söhne. Nur Mutter, Vater und Naya überlebten. Jetzt möchten sie nach Deutschland zu einer befreundeten Familie, die ebenfalls aus Syrien stammt. Die sind Zahnärzte und könnten Nayas Vater, einen Anästhesisten, sofort anstellen, eine Wohnung bekämen sie auch. Nayas Familie würde also niemandem auf der Tasche liegen, denn Ärzte werden in Deutschland händeringend gesucht.

Ich verstehe nicht, dass man diese armen Menschen so hartherzig behandelt und nicht einreisen lässt. Da kann man noch so viele Amtseide mit den Worten »So wahr mir Gott helfe« bekräftigen: Wer hier nicht hilft, dem ist nicht mehr zu helfen.

Jesus Christus hat gesagt: »Nicht der Mensch ist für das Gesetz da, sondern das Gesetz für den Menschen.« Das sollten sich unsere Damen und Herren Politiker hinter die Ohren schreiben – oder besser: zu Herzen nehmen.

Milliardengräber – wenn Politiker Bauherren spielen

Sie empören sich über Abzocker und begrenzen Banker-Boni, sie spielen »Anwalt des kleinen Mannes« und schrauben die Managergehälter zurück. Nur selbst wollen Politiker möglichst für nichts verantwortlich gemacht werden, erst recht nicht für teure Fehlplanungen. Es ist ja leichter, für andere Gesetze zu beschließen – möglichst mit moralisch erhobenem Zeigefinger und natürlich wählerwirksam –, als selbst für sein Tun geradezustehen. Warum werden Politiker nicht für die Milliardengräber, die sie auf Steuerzahlers Kosten schaufeln, haftbar gemacht? Bezahlen bis ans Lebensende! Die Regierenden spielen sich als Bauherren auf und machen alles selbst: Auftrag, Kontrolle, Abwicklung. Als wären sie Fachleute auf allen Gebieten. Beim größten Milliardengrab der Nachkriegsgeschichte, dem Berliner Flughafen, führen leibhaftige Regierungschefs die Aufsichtsräte, die noch nicht mal das Zeug dazu haben, ihre eigene Garage zu bauen. Und wenn sie Fachleute einstellen, sind es oft noch die falschen. Ganz zu schweigen von den Aufsichtsräten.

Der Nürburgring in Rheinland-Pfalz ist ein schreiendes Beispiel für diese Überheblichkeit, die die Allgemeinheit eine dreistellige Millionensumme kostet. Oder die Hamburger Elbphilharmonie. Damit wollen Politiker sich Denkmäler setzen, und wenns schiefläuft, machen sie sich aus dem Staub. Und das in einer seltenen Koalition total parteiübergreifend. Bei Berlin werden Milliarden buchstäblich in den Märkischen Sand gesetzt; die von Politikern ausgesuchten Spitzenmanager kommen und gehen – gehen natürlich mit »goldenem Handschlag«. Keiner wird zur Kasse gebeten von denen, die doch in ihrem Amtseid geschworen haben, »den Nutzen zu mehren und Schaden vom deutschen Volk zu wenden«. Was könnte man mit diesen letztlich veruntreuten Geldern alles machen! Statt peinlicher Politiker-Prestige-

Projekte: Kindergärten und Schulen errichten, Schlaglöcher auf den Straßen entfernen oder dringend benötigte Umgehungsstrecken bauen, um die Bürger von Lärm und Gestank zu befreien.

Dass es auch anders geht, zeigt ein Berliner Projekt. Ich traute meinen Ohren nicht, als ich nach der Rückkehr aus dem Urlaub dem Taxifahrer die Umleitungsroute nach Hause schildern wollte, »weil doch auf der Autobahn eine riesige Baustelle mit kilometerlangen Staus ist«. Doch der Chauffeur winkte ab: »Längst fertig, einige Wochen vor der Zeit!« Was, vor der Zeit? Wie geht denn das?! Alles war überpünktlich fertig geworden, weil man die »Bonus-Malus-Regel« angewandt hat. Will sagen: Dauert der Bau länger, muss Strafe bezahlt werden; geht's schneller, erhält die Baufirma eine Prämie. Und es ist wie im wahren Leben: Geld spornt an – wie mich vor fünfzig Jahren die elterliche Mark für eine gute Klassenarbeit auf Trab hielt. Also, liebe Politiker: Finger weg vom Bauherr spielen. Besser eine Firma beauftragen, die für alles haftbar gemacht werden kann – auch für Terminverschleppung. Und wenn Boni locken, geht's meist sogar schneller.

Sehr geehrter
Herr Präsident Erdogan ...

... Sie sind ja ein Verfechter alter Traditionen. Eine Tradition von uns Deutschen ist der Weihnachtswunschzettel ans Christkind. Sie sind zwar weder Christ noch Kind, aber ich versuche es dennoch:

Ich wünsche mir, dass Sie mal einen Blick in unser Grundgesetz werfen, das unter dem Eindruck der schrecklichen Nazi-Diktatur entstanden ist. So etwas sollte sich nie wiederholen, deshalb haben die Mütter und Väter unserer Verfassung neben der Präambel »in Verantwortung vor Gott« die garantierte Menschenwürde, die Gleichwertigkeit von Mann und Frau, die Presse- und Meinungsfreiheit und die Gleichheit vor dem Gesetz festgelegt. Klar, wir Deutschen spielen uns oft als moralische Weltpolizei auf, aber in Sachen Demokratie macht uns keiner was vor.

Haben Sie eigentlich Angst vor Ihren eigenen Bürgern? Ich finde es unsouverän, wie Sie unliebsame Demonstranten niederprügeln und kritische Journalisten einsperren lassen. Jetzt hetzen Sie sogar Ihren Geheimdienst auf unsere türkischen Mitbürger, die Sie doch im Wahlkampf immer so gerne besuchen. Wovor haben Sie eigentlich Angst?

Kommen Sie doch mal anonym für ein paar Tage nach Deutschland und erleben Sie, wie wohl sich die meisten Einwanderer hier fühlen: Frauen können zum Beispiel ihre Männer, Schulen und Berufe frei wählen. Es kann doch nicht sein, dass das einzig Demokratische in Ihrem Land Türkei Ihre Wahl ist, oder? Dann wird's nichts mit Europa. Oder wollen Sie da gar nicht mehr hin? Dann müssen Sie auch Christen mehr Freiheit geben. Das wünsche ich mir von Ihnen – gerade zu Weihnachten.

(*Bild am Sonntag*, Weihnachten 2015)

Die EDEKA-Evangelisation

Manchmal graut es mir vor dem Heiligen Abend. Da sind die Kirchen proppenvoll von Menschen, die nur zum Weihnachtsfest ihren obligatorischen Jahresbesuch abstatten, was man schon am schwachen Gesang oder der Unbeholfenheit beim Aufsteh- und Hinsetzritual erkennt. Doch das ärgert mich nicht, denn die Leute kommen ja und haben Sorgen, Einsamkeit und Stress im Gepäck – und meist auch große Erwartungen. Mich ärgert, wie wenig aus Sehnsucht Erfüllung wird. Jetzt wäre die im wahrsten Wortsinn einmalige Chance für einen Pfarrer, dem Rat von Dietrich Bonhoeffer zu entsprechen. Der Märtyrer des Dritten Reiches, der viele Theologen geprägt hat und selbst angesichts des Henkers noch dichten konnte »Von guten Mächten wunderbar geborgen«, gab seinen Studenten mit auf den Weg: »Predige so, als ob die Leute es zum ersten Mal hören oder zum letzten Mal.« Das heißt: Die Botschaft muss bei aller Herzlichkeit eindringlich und eindeutig sein. Ich will weder »Tagesschau auf der Kanzel« (Helmut Schmidt) noch politische Rezepte.

Wo Kirche draufsteht, muss Bibel drin sein – und nicht die Partei-Ergüsse eines Pastors. Kirche soll das bieten, was sie konkurrenzlos wichtig macht: Hoffnung über den Tod hinaus. Nicht nur Gefühl für Stunden, sondern Kraft zum Leben. Für alles Weitere haben wir die Krankenkasse, das Rote Kreuz oder die Gewerkschaft. Wer als Pastor Politik will, soll in die Politik gehen. Doch das wäre ja mit dem Risiko einer

Wahl und der Nebenwirkung von Verantwortung verbunden … Wohlfeile Appelle kosten nichts. Außer, dass die Leute bei solch einer Theologie der leeren Kirchenbänke lieber zu Hause bleiben oder die Kirchen massenweise verlassen.

Weihnachten ist Historie, die ans Herz geht. Keine Geschichten, sondern Geschichte: Gott kommt in Jesus Christus in diese Welt, um Heidenangst in Christusfreude zu wandeln. Jesus wird später nur eine Lebensbotschaft haben: Kehrt um, lasst euch versöhnen mit Gott, kommt heim zum Vater! Doch diese Einladung kommt selten von der Kanzel. Als hätte der Weihnachtsengel damals über Bethlehem ausgerufen »Siehe, ich verkündige euch große Probleme!« statt »große Freude«, wird das »einmalige« Publikum durch das Jammertal dieser Welt geführt und mit Appellen beglückt.

Ganz anders EDEKA! Zu Weihnachten 2015 schaltete die Supermarktkette eine TV-Werbung mit dem Motto: »Es ist Zeit heimzukommen!«. Dieser Spot ist eins zu eins die Botschaft von Weihnachten. Ein alter Mann, der von seinen Kindern nur noch selten besucht wird, erlebt in der Adventszeit eine riesige Enttäuschung: Er muss auch diesen Heiligabend alleine verbringen, weil keins seiner Kinder mit Familie zu Besuch kommen will. Alle sagen seiner Einladung ab, sie sind viel zu beschäftigt, um mit ihrem alten Vater das Christfest zu feiern. Da schmiedet er einen Plan: Er verschickt Todesanzeigen. Die Kinder sind schockiert und schämen sich, ihren Vater so vernachlässigt zu haben. Sie eilen, tief schwarz gekleidet, ins Elternhaus, um die Beerdigung des Vaters vorzubereiten. Doch der empfängt die völlig verblüfften Familien quicklebendig mit einer reich gedeckten Festtafel. Aus

Verzweiflung über seine Einsamkeit und aus Sehnsucht nach seinen Kindern und Enkeln hat er zum letzten Mittel gegriffen.

Eine Geschichte mitten aus dem Leben. So ist das eben, wenn alle eingespannt und angespannt sind und keine Zeit mehr selbst für nächste Verwandte oder Freunde haben. So mancher fühlt sich von diesem Werbespot ertappt, auch ich. Doch die andere Ebene ist auch eine Werbebotschaft, allerdings aus einer ganz anderen Dimension: Wenn man für den Vater im Film Gott einsetzt, dann ist dies Weihnachtsevangelium pur: Gott will nicht allein sein, er will uns Menschenkinder bei sich haben. Wir aber setzen andere Prioritäten, schaffen uns Götter und Götzen.

In Jesus Christus, dem Kind in der Krippe und dem Mann am Kreuz, lädt er uns noch mal ultimativ ein. Wenn wir ihm begegnen und Gemeinschaft haben, ist Freude auf beiden Seiten, denn »es wird Freude sein im Himmel über einen, der umkehrt« (so die Bibel). Über 50 Millionen haben diesen EDEKA-Spot im Internet angeklickt, mehr als je in Deutschland Weihnachtsgottesdienste besuchen. Gut so, denn auf die Botschaft kommt es an! Das ist »Lebensevangelisation« (Papst Franziskus), die Herz und Verstand ergreift.

Der Unfug des Jahres

So sicher wie die Grippe im November oder das Amen in der Kirche ist das »Wort des Jahres«, das die Gesellschaft für deutsche Sprache jeweils im Dezember kürt. Da gibt es originelle, manchmal sogar witzige Wörter wie GroKo oder Wutbürger, aber auf jeden Fall sind sie politisch super korrekt. Diese feine Gesellschaft widmet sich der Pflege der deutschen Sprache, wie es offiziell heißt, und niemand tritt den Leuten zu nahe, wenn man sie als keineswegs konservativ bezeichnet. Anders der Verein deutsche Sprache, dessen Ehrenmitglied ich bin, weil auch ich mich für den Erhalt unserer schönen Sprache engagiere, die nicht zu einem denglischen Micky-Maus-Sprech verkommen darf. Aber sie darf auch nicht ideologisch verhunzt werden!

Denn für 2015 reichte es der »Gesellschaft« zwar nur zu einem uralten Begriff, weil er eben in aller Munde war, ein ganz normales Wort: Flüchtlinge. Doch dabei ließen es die »Experten« nicht bewenden, vermeintlich sprachpolizeilich korrekt machten sie ihr »Wort« gleich zum Unwort: »Flüchtling klingt für sprachsensible Ohren tendenziell abschätzig. Das liegt am Ableitungssuffix -ling. Es wird an Wörter angehängt, um eine Person zu benennen, die durch eine Eigenschaft oder ein Merkmal charakteristisch ist.« Meine Sensibilität reicht nur zur Erkenntnis: Wer keine Probleme hat, macht sich welche. Denn noch nie ist einem Normalbürger wie mir in den Sinn gekommen, dass ein Lehrling oder Schützling etwas Negatives ist. Oder eben ein Flüchtling.

Und macht es den Flüchtlingen nun ihr Leben leichter, wenn wir sie in Geflüchtete umtaufen, wobei wir dann ja noch zwischen Flüchtenden und Geflüchteten unterscheiden müssten. Das schöne alte Wort Lehrling ist doch ein Paradebeispiel. Aus dem aktiven Subjekt, der Persönlichkeit Lehrling, wurde ein passives Objekt: der zu belehrende Auszubildende. Mit dieser sprachkosmetischen Neuschöpfung glaubten Ideologen vor zwanzig Jahren, ein Bildungsproblem gelöst zu haben. Neues Etikett, und alles ist gut. Wie in der Werbung. So wurde dann aus der Putzfrau eine Raumpflegerin, man lasse sich das Wort mal auf der Zunge zergehen, und aus dem Hausmeister ein Facility-Manager. Lehrer kehren dagegen gerne zum Ursprungsbegriff Pädagoge zurück, wahrscheinlich aus Angst, der von ihnen selbst unterrichtete Bildungs-Notstands-Schüler käme beim Vergleich mit dem Briefkasten-Leerer ins Schleudern ... Allerdings ist Pädagoge immer ein guter Anknüpfungspunkt, Linke unter den Lehrern mit dem griechischen Grundwort zu ärgern. Es geht dabei nämlich keineswegs um kreatives Kuscheln mit hohem Spaßfaktor, sondern knallhart: Kinder führen, er-ziehen zum Ziel einer Herzens- und Verstandesbildung.

Vom Freund und Helfer zum Feind und Hassobjekt

Zu dem Foto seines sieben Monate alten Sohnes Henry schrieb er bei Facebook: »Ein Papa kann vieles ersetzen, doch niemand kann einen Papa ersetzen.« Vier Wochen später war er tot, der 46-jährige Polizei-Oberkommissar Christoph R. aus dem hessischen Herborn, an Heiligabend erstochen von einem Kleinkriminellen, den er kontrollieren wollte. Und nun wird dieser Polizist im Internet von linken Spinnern verhöhnt. Ein doppeltes Verbrechen! Auf einer Internetseite für Mitglieder, also namentlich bekannten Leuten, schreibt ein »Zeiti« unter der Überschrift »Solidarität mit dem Polizistenmörder« u. a.: »Jetzt ist ein Beamter tot und der zweite schwebt in Lebensgefahr, trotz schuss- und stichsicheren Westen. Wie dumm muss man eigentlich sein?!« Ein Kollege war dem Polizisten zu Hilfe geeilt und hat, leider zu spät, auf den Messerstecher geschossen. »Dann auf Menschen zu schießen, ist einfach nur mal wieder typisch ›Bullenschwein‹, dumm wie Brot ... der gehört zu Recht abgestochen.« Allein für das Wort »Bullenschwein« gehörte man eingesperrt, doch bei uns wird man ja sogar freigesprochen, wenn man Soldaten als Mörder bezeichnet. Wie bekloppt sind wir denn eigentlich?! Und es wäre keinesfalls unmöglich, wenn sich im Prozess um den ungeheuerlichen Polizistenmord erst mal der Kollege für seine Schüsse verantworten muss. Verkehrte Welt.

Als ich die junge Polizistin, die an der bayerischen Grenze einen Zwölf-Stunden-Tag hat und anschließend todmüde ins Bett fällt, weil sie den Flüchtlingsstrom dieser »Wir-schaffen-das-Lyrik« ausbaden muss, in meiner Sendung fragte: »Wie ertragen Sie diesen Beruf, der obendrein noch unterbezahlt und lebensgefährlich ist?«, antwortete sie ohne Zögern: »Ich liebe meinen Beruf und weiß ja, auf was ich mich eingelassen habe, deshalb kann ich nicht meckern.« Das ist übrigens Martin Luther pur: Beruf kommt von Berufung. Und zwar jeder, nicht nur der des Geistlichen. Bloßes Jobben reicht nicht zur Zufriedenheit, das bestätigen inzwischen Arbeitspsychologen. Von solchen Frauen und Männern lebt unser Staat. Von Polizisten, die sich nicht entmutigen lassen und ihren Beruf als Berufung empfinden. Dennoch: Die linke Saat geht auf, wo man Polizisten als »Bullen« diffamierte, sie nach Demo-Einsätzen vor Gerichte zerrte, ihnen jegliche Autorität absprach. Was Beamte einem berichten, geht unter die Haut: angepöbelt, angespuckt, angerempelt, verprügelt oder mit Steinen beworfen. Und am 1. Mai in Berlin, wo Polizisten sozusagen zum Abschuss freigegeben sind, hängt das bekloppte bürgerliche Volk in den Fenstern und schaut zu. Was zum Beispiel die Polizistin Tania Kambouri berichtet, die in Talkshows unerschrocken die unkorrekte Wahrheit sagt, lässt einem die Haare zu Berge stehen: Es sind meist radikalisierte junge Muslime, die eine Beamtin wie den letzten Dreck behandeln. Warum schweigen wir dazu? Warum lassen wir uns von ideologischen Schönrednern entmündigen?

Selbst harmlose Kontrollen wie an Heiligabend in Herborn können lebensgefährlich sein. Und weibliche Beamte haben ohnehin kaum Chancen, dafür sorgt schon der arabisch-muslimische Mob, und der Staat verweigert den Staatsdienern den Schutz, indem das auch noch mit Multikulti-Geschwätz verharmlost wird. Es ist ein rechtsstaatsgefährdender Bankrott der Politik, wenn Polizisten sich in bestimmte Häuser und Straßen nicht mehr trauen, weil dort das »Recht« von Scharia oder Rockerbanden herrscht. Es bedurfte erst der Silvesternacht von Köln (2015/16), damit offen darüber berichtet wurde, dass es sogenannte »No-go-Areas« mitten in deutschen Großstädten gibt. Zum Jahresende 2015 berichtet ein Beamter eines Landeskriminalamts in den *Lübecker Nachrichten*, dass die Kollegen angewiesen seien, solche Fälle »in der Darstellung sehr herunterzuspielen«. Vor allem Delikte von Flüchtlingen, »um die Öffentlichkeit nicht in ungewollter Weise gegen die Zuwanderer einzunehmen«. Das hessische Innenministerium musste zugeben, entsprechende Anweisungen an die Polizei gegeben zu haben. Haben diese Gutmenschen-Politiker eigentlich bedacht, dass sie damit die gesamte Bevölkerung unter den Generalverdacht stellen, auf wahre Nachrichten pauschal mit Ausländerfeindlichkeit zu reagieren?! Mehr Entmündigung geht nicht! Ich empfehle zur Willkommenskultur eine Wahrheitskultur, zwei Seiten derselben Medaille.

Immer mehr Polizisten sterben im Dienst, immer mehr werden krankenhausreif geprügelt oder psychisch fertiggemacht. Immer mehr Ehen gehen daran kaputt, immer mehr scheitern mit ihrem Leben an Alkohol, Depression, Drogen. Wann werden wir eigentlich endlich wach, um zu erkennen: Die, die unseren Schutz garantieren, müssen von uns geschützt werden, indem wir uns eindeutig auf ihre Seite stellen und bereits jeden Ansatz von verachtendem Spott ächten. Dafür habe ich mich in all meinen Berufsjahrzehnten eingesetzt und antworte, wenn ich nach der wichtigsten Auszeichnung meines Lebens gefragt werde: Ehrenkommissar der bayerischen Polizei. Ich freue mich auf die jährlichen Nürnberger Gottesdienste der »Christlichen Polizeivereinigung« (cpv) und unterstütze die Stiftung der Deutschen Polizeigewerkschaft, die sich um die Angehörigen der Opfer genauso kümmert wie um die, denen der Beruf schweren Schaden an Leib und Seele zugefügt hat.

Es ist zu wenig, wenn in Sonntagsreden Polizisten hochgejubelt werden, sie dann aber bei Ausrüstung, Gehalt, Dienstzeiten oder vor Gericht im Stich gelassen werden. Wir dürfen nicht dulden, dass diese Frauen und Männer verheizt werden, während Politik und Kirche lyrische Lieder über

Meinungs- und Demonstrationsfreiheit und das großartige Multikulti singen und steil behaupten: Wir schaffen das. WIR schaffen gar nichts, einen großen Anteil haben die Polizisten. Und denen sind allein im Land Berlin in den letzten Jahren 1800 Stellen gestrichen worden. 1800! Gestrichen! Wann werden eigentlich die zur Rechenschaft gezogen, die permanent ihren Amtseid brechen: »... Schaden vom deutschen Volk zu wenden«?!

Köln-Katastrophe und Medien-GAU

Schlimmer geht's nimmer. Im zweiten Halbjahr 2015 sanken die Umfragewerte »Vertrauen Sie den Medien?« in den Keller. Unabhängig voneinander ermittelten so renommierte Institute wie Allensbach oder INSA, dass mehr als die Hälfte der Bevölkerung ihr Vertrauen in Presse, Funk und Fernsehen verloren hat. Ein Jammer, denn das höchste Kapital für Journalismus ist die Glaubwürdigkeit. Wenn die angekratzt ist, gilt das als Alarmzeichen ersten Ranges. Doch wer dachte, dass man jetzt alles tut, um diese Schock-Umfragen wettzumachen, sah sich ge- und enttäuscht. Gleich zu Jahresbeginn 2016 der GAU: Köln. Erst als das Internet glühte und Handyvideos vom Tatort die Runde machten, bequemten sich Politiker und Presseleute nach vier (!) Tagen, von den konzentrierten sexuellen Übergriffen Hunderter arabischer Männer auf Frauen rund um den Kölner Dom dem Anlass gemäß ausführlich zu berichten. Immerhin gab es mehr als 800 Anzeigen und ähnliche Exzesse auch in anderen Städten.

Haarsträubende Entschuldigungen mussten herhalten: Man wolle erst Gewissheit haben, man kenne ja die Täter nicht, man habe die Dimension unterschätzt und was sonst noch im Ausrede-Arsenal zu finden war. Jeden Pressesprecher einer Firma, der sich ähnlich verhält, vierteilt dieselbe Meute, die jetzt das unterließ, was den Beruf ja eigentlich ausmacht: recherchieren und informieren. Von der sonst so hochgelobten Investigation, für die sich Journalisten gerne gegenseitig Preise verleihen, keine Spur. Kein Hauch Eigenrecherche, die zum Standard jeder Ausbildung gehört.

Man habe verhindern wollen, dass die Bevölkerung alle Migranten und Flüchtlinge »unter Generalverdacht« stellt. Dumm nur, dass man damit in Wahrheit das Volk unter Generalverdacht stellt, wie BILD-Chefredakteurin Tanit Koch kommentierte (7.1.2016). Die sprachpolizeilichen Zensoren trauen ihm wohl nicht zu, unterscheiden und differenzieren zu können. Doch Aufgabe des Journalismus ist es, »Leuchtturm« zu sein, wie Ex-ZDF-Intendant Markus Schächter einmal sagte. Informationen zu verschweigen, weil man das Volk für blöd hält, ist Berufsboykott und Offenbarungseid pur. Man muss Informationen bringen *und* einordnen helfen, das ist das Handwerkszeug eines Journalisten. Und nicht, auf die Nachrichten zu verzichten aus Angst, die Leute könnten sich danach richten. Leuchtturm heißt, in der Nachrichtenflut Orientierung zum Verstehen und Bewerten geben.

Geschadet haben sich Medien, die »Köln« heruntergespielt haben, selbst. Und das ohne Not. Aber bei der Polizei war es nicht besser. Der (später gefeuerte) Kölner Polizeipräsident, ein klares Bauernopfer, sagte noch fünf Tage nach dem

Massenüberfall, man kenne die Täter nicht, während Berichte der Polizisten vor Ort bereits genaue Angaben enthielten. Wie dumm muss man sein, im Zeitalter von Twitter, Facebook und Handyvideos zu meinen, man könne etwas geheim halten.

Was hat das Kölner Gutmenschentum bewirkt? Auf jeden Fall nichts Gutes. Man hat exakt den falschen Leuten in die Hände gespielt, die sich nun bestätigt fühlen. Man hat dem eigenen Berufsstand einen Bärendienst erwiesen, der nun noch mehr in Misskredit geraten ist. Das gilt vor allem für die Politik. Fassungs- und hilflos steht der mündige Bürger am Rand und sieht, wie die Akteure das letzte Porzellan zerschlagen, was nach der ohnehin kritisierten Flüchtlingsberichterstattung noch heil war. Wahrheit ist immer noch die beste Waffe gegen Verschwörungstheorien.

Innen-Einsichten eines gewöhnlichen Fremdenfeindes

So überschreibt ein Berliner Pfarrer eine Mail, die er mir Mitte Januar 2016 vertraulich schickte. Diesen Sarkasmus hätte ich ihm gar nicht zugetraut. Der Mann ist alles andere als kämpferisch-konservativ, er und seine Frau sind sozial engagierte Seelsorger, beliebt in ihrer Gemeinde, geachtet in der Gesellschaft. Gute Taten statt wohlfeiler Worte prägen ihren Alltag. Keine Scharfmacher, sondern biblisch orientierte Leute, denen gerade Nichtchristen oder Angehörige anderer Religionen hohen Respekt entgegenbringen. Schrilles Geschrei ist ihre Sache nicht. Umso erschütternder das, was der Pastor, im Nebenamt Studentenpfarrer, mir schreibt – und einem Kreis von Freunden, die ihm dringend rieten, das zu veröffentlichen.

Deshalb mit Erlaubnis hier der Text, der mich persönlich ungemein aufgewühlt hat. Anlass: die schreckliche Kölner Silvesternacht 2015/16, in der ein Mob meist aufgebrachter Araber über Hunderte Frauen hergefallen ist – und was der Berliner Pfarrer zwei Wochen später am eigenen Leib erlebte:

»Köln ist weit weg für den Berliner. Und doch so nah. Als ich gestern auf dem Weg von der Arbeit zu einem Abendessen mit Bundestagsabgeordneten unterwegs war, wo wir gemeinsam eine Tagung zur Völkerverständigung planen wollten, pöbelte mich im Vorübergehen eine aggressive Gruppe von jungen Männern an. Da dies kein Polizeibericht ist, kann ich freimütig zugeben: Es waren Araber, die mich am Arm packten und in eine Ecke ziehen wollten. Gern hätte ich die wohlmeinenden Ratschläge aus Köln beherzigt und eine Armlänge Abstand gehalten. Aber es war zu spät für mich.

›Ich‹, dahinter verbirgt sich ein evangelischer Pfarrer, der in seiner Gemeinde eine sozialdiakonische Arbeit mit Flüchtlingen in einem Berliner Brennpunktviertel verantwortet. Der in den vergangenen Monaten auch privat zwei eritreische Flüchtlinge betreut hat, die im selben Haus wohnten. – Kurz gesagt: ein ganz normaler Fremdenfeind, wie er in Deutschland vermutlich hunderttausendfach zu finden ist. Fremdenfeind? – Das kann doch nicht sein! Doch doch, das bin ich. Allerdings nur, weil es sich bei dem Wort um eine ideologische Begriffsbildung handelt, die weniger Realitäten beschreiben denn Wirklichkeit umprägen will. Nur wer ein bestimmtes Gesellschaftsschema von selbstrelativierender Multikulturalität befürwortet, erhält den Adelsschlag des Fremdenfreundes. Alle anderen agieren im Bereich der Fremdenfeindlichkeit und werden mit allerlei psychologischen Diagnosen versehen, die auf -phobie auslauten.

Dazu reicht es im Grunde aus, sich Sorgen zu machen, in welche Zukunft unser welt- und grenzoffenes Land angesichts der neuerlichen Gewaltexzesse driftet. Sogar über den Verteiler der evangelischen Kirche wurde diese Woche zu einer Demonstration gegen Menschen aufgerufen, die solche Sorgen umtreiben. In der Mail heißt es: ›*Besorgte Bürger*-innen* wollen gegen die Islamisierung des Abendlandes mobilmachen und ihre fremdenfeindliche Hetze in unsere Stadt tragen.‹ Besorgnis ist nicht erwünscht. Kampf ›gegen Rechts‹ ist angesagt. Folgerichtig hat sich die Berlin-Brandenburgische Kirche dem Kampf gegen rechte Gewalt verschrieben, vielleicht, weil Steine, die von Rechten geworfen werden, besonders wehtun im traditionell linken Berlin.

Aber ich habe noch mehr auf dem Kerbholz, das mich zum Fremdenfeind stilisiert. Gelegentlich beherbergen wir junge Frauen, die in ihren Familien durch sogenannte Ehrenmorde bedroht werden und fliehen mussten. Dieser Themenkomplex sich bildender Parallelwelten mit häuslicher Gewalt, patriarchalen Clanstrukturen, Scharia-Gerichten und No-go-Areas lässt selbst hartgesottene Frauenrechtlerinnen einsilbig werden und passt nicht in unsere bunte Multikulti-Welt. Beobachtungen in diesem Bereich sind nur zulässig mit dem Routine-Disclaimer: ›Das hat nichts mit ... zu tun‹ (Sie wissen schon!).

Psycho-hygienisch ist diese Art der Unterdrückung von Sorgen sowie von Nachrichten und Themen, die in den angestrebten Gesellschaftsentwurf diskursbestimmender Eliten nicht passen, für unser Land kontraproduktiv. Es findet eine Verdrängung statt, die sich medial in der wachsenden Diskrepanz zwischen öffentlicher und veröffentlichter Meinung bemerkbar macht. Politisch zeitigen sich Verwerfungen dann mit zu erwartenden heftigen Wirkungen an anderer Stelle. Der eine als Wutbürger. Der andere abgeklärt und in aller Stille in der Wahlkabine. Besser, weil verträglicher für unsere Gesellschaft, wäre ein Diskurs ohne Stigmatisierungen und Etikettierungen aus dem Reich der Psychopathologie. Keine Maulkörbe. Keine Denkverbote. Aber volles Eintauchen in die Realitäten, die sich uns jetzt zum Teil schmerzhaft bieten.

Was wurde aus der Begegnung mit den Arabern im U-Bahnhof? Als die Situation bedrohlich wurde, schaute ich den Anführer der Gruppe sehr freundlich an und dankte ihm (die Situation umdeutend) sehr, dass er mir helfen wolle, das richtige Gleis zu finden. Ich versicherte ihm, ich würde es jetzt auch alleine schaffen. Die kurze Verwirrung nutzte ich, um mich loszureißen und in die einfahrende U-Bahn zu springen. – Psychologie kann Leben lähmen. Sie kann ihm aber auch Beine machen.«

Diese Worte sprechen für sich. Kommentar überflüssig. Die genannte Demo wurde laut Polizei »ein Gewaltexzess nie geahnten Ausmaßes«, und am selben Tag meldete sich eine muslimische Femen-Aktivistin in der *WELT* zu Wort, die über die Erziehung ihrer Glaubensgenossen zu aggressiven Machos berichtete. Auch sie als Feministin ohne Schaum vor dem Mund, sachlich und ruhig und ohne Angst vor der Rache der »Verleumdeten« und der Gutmenschen. Ich muss an das zentrale Bibelwort von Jesus Christus denken: »Nur die Wahrheit wird euch frei machen.«

Von Crossdresser*innen, cis-Männern und den Jusos

Es gibt Texte, die lese ich am liebsten laut. Das können besinnliche Geschichten sein, die auf diese Weise ganz anders »zum Klingen kommen«. Oder absurde Texte, die erst beim Rezitieren ihren »Loriot-haften« Charakter so richtig entfalten. Zu letzterer Kategorie zählt eine Pressemitteilung der SPD, die zu ihrem Bundesparteitag im Dezember 2015 einen Antrag der Jusos verbreitete. Was ich nie für möglich gehalten hätte: Die einst stolze Volkspartei von Willy Brandt und Helmut Schmidt, Schutzpatronin der Arbeiterschaft, übertrifft fast noch die Grünen in ihrem Gender-Wahn. Während die Grünen keine anderen Sorgen haben, als mitten in der größten Flüchtlingskrise mit der Not, feste Unterkünfte für den Winter zu finden, allen Ernstes gesonderte Transgender-Zelte zu fordern, toppt die SPD-Nachwuchsorganisation den Schwachsinn noch.

Die Jusos wollen künftig »Sonderrechte für Transsexuelle, Trans*gender, Agender, Genderless, Bigender, Polygender,

Drags und Crossdresser*innen« durchsetzen. Zehn Antrags-seiten werden wie zu allerbesten Loriot-Zeiten mit diesem kabarettreifen Gender-Stuss gefüllt. Nebenbei bemerkt: Fällt diesen von Bildung unbeleckten Polit-Babys gar nicht auf, wie peinlich es gerade für Deutsche ist, Menschen wieder mithilfe von Sternen zu deklarieren und zu separieren ... Herr, schick Hirn! Künftig soll man Vornamen und Personen-stand mehrfach und nach Belieben ändern können, ohne sich untersuchen und begutachten zu lassen. Und man soll bei einer eventuellen Haftstrafe selbst entscheiden dürfen, ob man im Frauen- oder Männergefängnis einsitzen muss.

»Trans*menschen«, die sich mit ihrem Geschlecht nicht wohlfühlen, sollen von »cis-Männern« und »cis-Frauen« ge-trennt aufs Klo gehen dürfen. Man muss demnach vor jedem Gang auf die Toilette einen Psychologen aufsuchen, oder? Zumindest braucht man einen Toilettenratgeber, für dessen Papier unschuldige Regenwälder sterben müssen. Bereits be-stehende Toiletten sollten laut Parteitagsantrag in »All-Gen-der-WCs« umgewandelt werden. Ich schlage vor, auch noch Extraklos für Hirnfreie zu bauen – wobei mir dieser ganze Antrag ohnehin so vorkommt, als stecke die Lobby der Bau-industrie dahinter. Die Jusos als Kapitalisten-Förderorganisa-tion, das sollte einem zu denken geben. Und da man bei dem ganzen Wahnsinn ohne Lexikon nicht auskommt: cis steht im Lateinischen für Diesseits und bezeichnet im Sinne des SPD-Antrags alle, die man gemeinhin »Normalos« oder Hete-ros nennt. Die sollen, auch das müsse künftig geregelt und beachtet werden, ihre Epilation (zu Deutsch: Körperenthaa-rung) von der Krankenkasse bezahlt bekommen und bei der

Polizei wählen dürfen, ob Frau oder Herr Polizist sie durchsucht. Vielleicht sollte die Krankenkasse erst mal den Antragstellern mit einem Anti-Genderitis-Mittel helfen.

Aber das ist noch nicht alles: Der Parteitagsantrag fordert auch »Frauenrückzugsräume«, in denen Frauen Schutz finden »vor cis-Männern, die nur so tun, als wären sie Trans*menschen«. O-Ton Antrag, bitte, immer laut lesen: »Nötigenfalls müssen All-Gender- und cis-Frauen-Schutzräume getrennt angeboten werden.« Herr, erbarme dich! Zur Krönung des Schwachsinns dienen Wortschöpfungen wie Verbraucher*-innenschützer*innen oder Bürger*innen*meister*innenkandidat*innen. Alles auf unsere Steuergelder! Und in den Schulen unserer Kinder rieselt der Kalk wegen Geldmangels von der Decke. Mehr Entmündigung geht nicht.

Da fällt mir der Präsident des Deutschen Lehrerverbandes, Josef Kraus, ein, der mir auf die Frage, warum Deutschland im PISA-Test so mittelmäßig abschneidet, antwortete: »Unseren Bildungsnotstand erkennen Sie an zwei Zahlen: Wir haben 120 Lehrstühle für alte Sprachen wie Griechisch und Latein (die jeder Arzt oder Pfarrer kennen muss), dagegen rund 200 Lehrstühle für Genderstudien.« Und diese Damen geben dem ideologischen Humbug den Anschein der Wissenschaftlichkeit. Armes Deutschland! Mir fehlt jeglicher Respekt vor Hochschullehrern wie Biologen oder Philosophen, die sich diesen Unsinn an ihren Universitäten schweigend gefallen lassen.

Und ganz nebenbei: Diesen Wahnsinn debattierten die Jusos, als gerade 1200 deutsche Soldaten, Frauen und Männer meist im Juso-Alter, in den lebensgefährlichen Kampf gegen den Islamischen Staat (IS) geschickt wurden und die Welt dabei war, den brutalen Terroranschlag von Paris mit mehr als 150 Toten zu verarbeiten. In einem Leserbrief zu dieser Juso-Genderitis heißt es: »Ich habe gerade so einen Hals. Draußen brennt die Welt, und die Parteien haben keine anderen Probleme. Kein Wunder, wenn immer weniger Bürger wählen gehen.«

Futter für die Empörungsindustrie

Es war bei einer jener Talkshows, in der nach ungeschriebenem Gesetz einer den Bad Boy geben muss, über den die anderen vier bis sechs Gutmenschen-Gäste herfallen dürfen, damit die Empörungsindustrie Gewinn machen kann. Es ging um Migration und Integration, wo man schon als rechtsradikal gilt, wenn man das sagt, was einer normalen Lebenserfahrung entspricht. Wenn ich mir meiner Argumente sicher bin, kämpfe ich die auch »allein gegen alle« aus und könnte mich köstlich amüsieren, wie die anderen Diskutanten sich ärgern, wenn das Publikum beim »Falschen« applaudiert. Im Übrigen halte ich's bei Talk-Einladungen mit dem Grundsatz: Willst du was gelten, mach dich selten ...

Bei jenem Integrations-Talk war ich also der Störenfried, der Unfrieden in die Friedhofsruhe der von ihrem Gutmenschentum beseelten Runde zu bringen hatte. Ich staunte nicht schlecht, wie die wohlsituierten Damen und Herren, meist mit Dienstwagen vorgefahren, sich förmlich überschlugen, wie toll alles funktioniere und wie spießbürgerlich-verbohrt man doch sein müsse, das nicht zu erkennen. Ich zählte auf, was es sonst noch alles gibt: Parallelgesellschaften, Zwangsverheiratungen, null Respekt vor Frauen als Lehrerinnen und Polizistinnen, die selbstgewählte sprachliche Isolation usw. Ich wurde behandelt, als käme ich von einem anderen Stern, sozusagen als Geisterfahrer gegen den Mainstream Migranten-euphorischer Mustermenschen.

Bis mir der Kragen platzte und ich eine »Grüne« anblaffte: »Ich bin es leid, mir von Leuten, die in ihrer Luxus-Altbauwohnung jenseits der Berliner Problemkieze Ausländer nur vom Hörensagen kennen, vielleicht als Edelitaliener oder Juweliere, sagen lassen zu müssen, wie ich mich anderen gegenüber zu verhalten habe.« Die Zuschauer johlten, die Gutmenschen wurden böse. Ertappt!

Da nahm eine respektable ältere Dame, einst zu den Ranghöchsten des Staates zählend, einen neuen Anlauf: »Aber Herr Hahne, Ihre Klischees sind ja unerträglich. Wir leben mit fünf verschiedenen Nationen unter dem Dach unseres Mietshauses und verstehen uns prächtig.« Aaaaah, freute sich der Moderator. Ooooooh, sagte der Bad Boy und wollte wissen, was die denn so von Beruf seien. Der Afghane Psychologe, der Iraner Augenarzt, der Serbe Informatiker und der Türke bei der Botschaft ... Das Volk begriff, ich brauchte nichts zu erwidern, und lachte sich kaputt. Ostanatolische Bauern mit ihrem Steinzeit-Islam, von denen Helmut Schmidt einst meinte, sie seien kaum in unsere freiheitlichdemokratische Kultur zu integrieren, hatte sie nicht aufgezählt. Die leben ja auch nicht im Schickimicki-WohlstandsKiez der Privatschulen und Nanny-Haushalte.

So gut wie nie kommen handfeste Praktiker zu Wort, die Empörungsindustrie lebt von akademischen Theoretikern fern der Realität. Solche Weltendeuter kommen nicht selten aus den Nobelvierteln der Großstädte oder leben unter der Glasglocke von Berlin-»Prenzelberg«, wie man unter Insidern wissend sagt. Die Königsdisziplin von Leitartiklern und Talkgästen ist die Darstellung des Wolkenkuckucksheims einer Pippi-Langstrumpf-Welt, wie man sie gerne hätte. Je weiter von der Realität entfernt, desto schulmeisterlicher das Auftreten. Ich nenne bewusst keine Namen; der geneigte Leser muss nur einschalten, um fehlende Nahsicht erstaunt zur Kenntnis zu nehmen. Nicht umsonst heißt es: Fernsehen!

Außer Spesen nichts gewesen

Was war das für ein Jubel in Hamburg, als die Hansestadt im nationalen Rennen um Olympia 2024 den Mitbewerber Berlin eindeutig schlug. Wenn sich eine deutsche Stadt für die Ausrichtung der Olympischen Spiele neben Budapest, Los Angeles und Paris bewerben sollte, dann war Hamburg vorgesehen – mit einem großartigen Konzept, das der Stadt an der Alster einen neuen, wunderbaren Stadtteil beschert hätte. Allerdings sollten die Bürger das letzte Wort haben, wobei alle Beobachter wie selbstverständlich davon ausgingen: Die Hanseaten als »Tor zur Welt« werden mehrheitlich mit Ja stimmen, alles also nur Formsache.

Doch dann der große Knall, ein Kartenhaus bricht zusammen: Hamburgs stolze Bürgerschaft sagt Nein, und sofort beginnen Spott und Häme, vor allem derer, die gar nicht in der Stadt leben. Ein Shitstorm erfasste das Internet wie ein Hurrikan: kleinkariert, engstirnig, ängstlich, provinziell, keine Ahnung von Werbung und Image durch ein solches Großereignis.

Aus der Ferne betrachtet mag manche Kritik ja stimmen, doch bei der Nahsicht der Hamburger hatten die Regierenden das Nachsehen. Für den Wahlbürger erschien der architektonisch eindrucksvolle Olympia-Stadtteil wie ein Wolkenkuckucksheim im Schlaraffenland. Sie sahen nicht das Modell für die Zukunft, sie sehen tagtäglich die Gegenwart: kaputte Straßen, zu wenig Kindergärten, kein Geld für das Notwendigste. Und in den Schulen rieselt der Kalk von den Wänden. Wenn man durch Baustellen aufgehalten wird, an denen niemand baut, und man dauernd hören muss, wofür alles kein Geld da ist, dann fehlt einem eben die Vorstellungskraft für Gigantomanie à la Olympia. Utopia nennt man so etwas, und für Luftschlösser hebt niemand gerne die Hand oder gibt seine Stimme ab.

Die Bürger haben diese größenwahnsinnigen Politiker-Prestige-Projekte satt, über die während des Baus jegliche Kontrolle verloren wird – Elbphilharmonie und Berliner Flughafen lassen grüßen. Und dass die FIFA oder Olympische Komitees sich mit Betrugs- und Korruptionsskandalen herumschlagen müssen, ist auch nicht gerade eine gute Visitenkarte. Wer direkte Demokratie will und damit wählerwirksam wirbt, der muss auch Ergebnisse akzeptieren, die einem nicht passen. Anschließende Wählerbeschimpfung ist Entmündigung und der Sargnagel einer Demokratie.

Klartext statt Kauderwelsch,
Position statt Politsprech

Es war an einem Mittwoch im September 2015. Und es ist für mich eine Sternstunde unseres Parlaments. Nur eine kleine Bemerkung, von vielen überhört. Aber die hatte es in sich. Bundestagspräsident Norbert Lammert unterbrach die Rede des Bundesinnenministers und ermahnte Thomas de Maizière, doch bitte in verständlichem Deutsch zu sprechen. Der hatte gerade mit Blick auf die Flüchtlingspolitik und den dramatischen Zustrom Richtung Deutschland von »Push- oder Pull-Effekten« gesprochen, ohne das näher zu erklären. »Diese englischen Wörter verstehen viele nicht«, kritisierte Lammert, »und das ist nicht im Sinne der öffentlichen Verständlichkeit.« Bingo! Das saß.

Platte Parolen sind nämlich genauso falsch wie das komplizierte Kauderwelsch, das oft nur dazu dient, Unbequemes zu kaschieren. Politiker sind darin Weltmeister, und ihr Paralleluniversum hält ein wahres Arsenal von Politsprech bereit. Obwohl uns Bürgern in jedem Wahlkampf Entbürokratisierung versprochen wird, liest sich eine aktuelle Anordnung der Finanzbehörden so: »Der Vorläufigkeitsvermerk hinsichtlich der Nichtabziehbarkeit von Beiträgen zu Rentenversicherungen als vorweggenommene Werbungskosten stützt sich auch auf § 165 Abs. 1 Satz 2 Nr. 4 AO und umfasst deshalb auch die Frage einer eventuellen einfachgesetzlich begründeten steuerlichen Berücksichtigung.« Reif für die Anstalt! Man muss sich das mal auf der Zunge zergehen lassen! Von der »Steuererklärung auf dem Bierdeckel«, für die der verstoßene CDU-Spitzenpolitiker Friedrich Merz hochkompetent eingetreten ist, keine Spur mehr. Oder verstehen Sie diesen Stuss, ein Auszug aus den Erläuterungen zum Steuerbescheid: »Soweit die Vorläufigkeitserklärung die Frage der Verfassungsmäßigkeit einer Norm betrifft, ist sie außerdem nicht dahingehend zu verstehen, dass die Finanzverwaltung es für möglich hält, das Bundesverfassungsgericht oder der Bundesfinanzhof könne die im Vorläufigkeitsvermerk angeführte Rechtsnorm gegen ihren Wortlaut auslegen.« Da kann man nur noch mit Galgenhumor nachdoppeln: Wir schaffen das!

Das Schlimmste aber sind diese völlig überflüssigen Anglizismen, die dann oft noch – als Spiegel unseres Bildungsnotstandes – in Denglisch dargeboten werden, jener fatalen Mischung aus Deutsch und Englisch. Es ist zum Beispiel lächerlich, wenn in einem Gebäude, über dem der Schriftzug »Deutsche Bahn« prangt, drinnen von Counter, Tickets und Meetingpoints die Rede ist. Warum nicht schlicht und ergreifend Schalter, Fahrkarten und Treffpunkte? Oder ist das zu banal? Klar, Key Account Manager klingt besser als Großkundenbetreuer und Sales weltläufiger als der biedere deutsche Schlussverkauf. Natürlich klingt Zukunftsprogramm besser als Steuererhöhung, ist jedoch ein durchschaubarer Etikettenschwindel, der die Politiker-Verdrossenheit noch verstärkt.

Die Politik hat sich eine floskelhafte Sprache angewöhnt und wird nur noch von »Insidern«, also Eingeweihten, verstanden. Solches Parallelsprech kennen wir von Ärzten, die eine schwere Diagnose lieber in lateinische Vokabeln fassen als in deutschen Klartext. Natürlich in der Hoffnung, dass niemand nachfragt.

In vielen politischen Reden werden einem Worte um die Ohren gehauen, die kabarettreif sind: Leistungsanpassungsänderungsgesetz zum Beispiel, Wortungetüme, bei denen man zwischendurch Luft holen muss. Lammert sagte zu Recht: Die meisten Menschen verstehen gar kein Englisch, vor allem nicht Fachchinesisch wie »Push- und Pull-Effekte«. Schon allein durch die Sprache entfremdet sich die Politik ihren Bürgern. Von vielen ist das sogar gewollt, denn Ungefähres klingt nicht so gefährlich wie verständlicher Klartext. Diesen Klartext können nur wenige Politiker. Sie kommen ohne die Girlanden des Pseudo-Intellektuellen aus, verzichten auf überflüssige Fremdwörter und wichtigtuerisches Denglisch. In Umfragen sind sie meist die Beliebtesten. Einer von ihnen heißt Wolfgang Bosbach.

Sie reden eben wie ein Volksvertreter. Als solche sind sie nämlich gewählt. Es gibt ein Bürgerrecht auf Verständlichkeit. Wer das nicht kann oder sich bewusst nicht daran hält, sollte einen anderen Beruf wählen, statt sich (wieder) wählen zu lassen. Das Volk hat ein Recht darauf, diejenigen zu verstehen, die seine Geschicke leiten.

»Burkini«-Urteil – Der Staat geht nicht baden

Das viel diskutierte Urteil des Bundesverwaltungsgerichts ist revolutionär.

Auf den ersten Blick mag es so aussehen, als wären deutsche Richter vor dem Islam eingeknickt: Was soll es, dass muslimische Mädchen im »Burkini«, also einem Ganzkörper-Badeanzug wie Eisschnellläufer oder Taucher, am Schwimmunterricht in den Schulen teilnehmen dürfen? Geht damit nicht unser jüdisch-christlich geprägter Rechtsstaat baden? Das Gegenteil ist der Fall.

Eine Gymnasiastin verweigerte aus religiösen Gründen das gemeinsame Schwimmen mit ihren männlichen Schulkameraden, weil sie nicht im normalen Badeanzug antreten wollte und Jungs in Badehose nicht ertragen konnte.

Das Bundesverwaltungsgericht stellte jetzt klar: Religionsfreiheit hat bei der allgemeinen Schulpflicht ihre Grenzen. 1993 hatte das Bundesverfassungsgericht das noch anders gesehen und entschieden, dass Eltern ihre Kinder aus religiösen Gründen vom gemischten Schwimmunterricht abmelden dürfen. Gutmenschen unter ahnungslosen Politikern vertreten diese Uralt-Auffassung noch heute.

Das jetzige Urteil ist das genaue Gegenteil einer Islamisierung Deutschlands. Es bedeutet eine Verpflichtung zur Toleranz gegenüber allgemein üblichen Sitten unseres Landes: »Das Grundrecht auf Glaubensfreiheit vermittelt keinen Anspruch darauf, nicht mit Verhaltensgewohnheiten Dritter konfrontiert zu werden.« Das ist ein klares Nein gegenüber einer Parallelwelt, die sich den Rechten und Pflichten des Grundgesetzes entziehen will.

Ich finde es gut, dass die Türkische Gemeinde das Urteil begrüßt, bedeutet es doch in letzter Konsequenz ein weiteres Stück »Aufklärung« des Islam. Fundamentalistische Muslime laufen dagegen Sturm. Ihnen sei gesagt: Für eine Religion der Unfreiheit gibt es keine Religionsfreiheit. Das gilt für jede Glaubensgemeinschaft in unserem Land.

Verführung per Kreditkarte

Die Banken können noch so viel trommeln und noch so viel für ihre Kreditkarten werben, die Bürger bleiben skeptisch. Und das zu Recht. Letzter Schrei sind die sogenannten kontaktlosen Karten, für die keine PIN-Nummer mehr nötig ist. Man hält sie einfach an ein Lesegerät und kann automatisch je Kauf bis zu 25 Euro vom Konto abbuchen. Das kann allerdings dann jeder Dieb auch ...

Nein, das Zahlen in bar ist in Deutschland nicht totzukriegen, und das ist auch gut so. Laut Bundesbank begleichen die Deutschen 79 Prozent ihrer Einkäufe mit Scheinen und Münzen, was 53 Prozent des Gesamtumsatzes ausmacht. Für notorische Schuldenmacher und zwanghafte Konsumenten ein Glück, denn die Kreditkarte – und da sind sich alle Psychologen einig – verführt dazu, keine Hemmschwelle mehr zu kennen. Während man in seinem Kaufrausch schon mal innehält, weil die Geldbörse leer ist und man sich etwas leihen müsste, werben die Banken munter für ihre Überziehungskredite. Wer mit Karte zahlt, das sagen die Experten, verliert leicht den Überblick über sein Vermögen. Solange etwas nur virtuell und digital erlebt wird, fehlt der Bezug zur vielleicht schmerzhaften Realität. Doch wenn Bargeld ausgegeben ist, spürt man die Ebbe in der Kasse ganz konkret.

Selbst bei Menschen mit einem notorischen Kaufwahn setzt dann ein kurzes Nachdenken ein. Gerade in den USA, wo bargeldloses Zahlen stark verbreitet ist, ist die Verschuldung privater Haushalte dramatisch hoch.

Es spricht alles dafür, das Bargeld nicht aussterben zu lassen. »Bargeld ist geprägte Freiheit und eines der letzten Bollwerke gegen einen mächtigen Apparat, der immer stärker lenkend und überwachend in unser Leben einwirkt«, meint der Münchner Ökonom Professor Gerald Mann im Interview mit dem Wirtschaftsmagazin *Faktor C*. Der Hauptgrund für die Bargeld-Abschaffung sei, dass wir unser Geld ausgeben sollen. Man setzt also bewusst auf die Schwäche des Menschen, oft nicht zwischen virtuell und real unterscheiden zu können. Deshalb gilt: Nur Bares ist Wahres.

In der Stunde der Angst wurden Frauen zu Helden

»Jeden Tag eine gute Tat.« So lautet seit über 100 Jahren das Motto der Pfadfinder, der größten Jugendbewegung der Welt. Dieser Spruch klingt markig, männlich und mutig; geschaffen wie für Filmhelden, die tapfer und entschlossen für andere einstehen. In London sah dieser »Film« im Mai 2013 ganz anders aus. Die Männer stehen abseits in sicherer Distanz, einige haben sogar die Arme verschränkt. Sie erleben ein Public Viewing der besonderen Art, dessen wir Männer uns in Grund und Boden schämen müssen.

Die Memmen sind Männer, die Heldinnen sind drei Frauen, darunter Ingrid, Leiterin einer Kinder-Pfadfindergruppe.

Was sie vollbracht haben, ist mehr als eine gute Tat, es waren Heldentaten. Ingrid (48), Mutter von zwei Kindern, stellte sich unerschrocken einem der beiden bewaffneten Islamisten entgegen, die gerade einen Soldaten bestialisch mit Machete und Fleischermesser ermordet hatten. Sie war sogar so mutig, dem Opfer noch den Puls zu fühlen: »Als Pfadfinderin bin ich in Erster Hilfe ausgebildet.«

Währenddessen redeten Amanda (44) und Gemini (20), Mutter und Tochter, auf den anderen Terroristen ein. Das alles dauerte gut fünf Minuten, also Zeit genug für die gaffende Männerwelt, es den Frauen gleichzutun oder ihnen wenigstens zu helfen. Stattdessen betätigen sie sich als Handy-Fotografen und liefern der Welt den Tatort quasi live; die Nachrichtensendungen sind voll davon.

In diesen Filmchen entlarven sie sich selbst als distanzierte Zuschauer eines realen Dramas, bei dem drei Frauen die Hauptrolle spielen, bis endlich die Polizei eintrifft. Ingrid sagt anschließend, sie habe die Täter mit ihrem lebensgefährlichen Hinhalte-Gespräch davon abhalten wollen, weiteres Unheil anzurichten. Und dann der starke Satz: »Ich hatte keine Angst zu sterben. Lieber ich als ein Kind.«

Drei tapfere Frauen gingen in die Offensive, während das sogenannte starke Geschlecht ganz schwach war.

Die Manager sollten sich den Papst zum Vorbild nehmen

Anfang der Woche bekam ich einen Brief von der Deutschen Rentenversicherung. Sie teilte mir mit, wie viel Rente ich zu erwarten habe. Ich kann nicht klagen, aber viele Arbeitnehmer werden staunen, wie wenig zum Schluss noch bleibt, wenn sie nicht privat vorgesorgt haben.

Umso mehr empört mich, was sich deutsche Manager so alles an Pensionen in die Tasche stecken. Allein die Vorstände der 30 größten Konzerne können mit durchschnittlich 37 500 Euro rechnen. Pro Monat! Das ermittelte die Hans-Böckler-Stiftung.

Jeder soll bekommen, was er verdient. Aber es geht einem doch das Messer in der Tasche auf, wenn Manager das Dreißigfache einer Durchschnittsrente kassieren. Die beträgt nach 45 Jahren Arbeit 1 200 Euro.

Erst astronomische Millionengehälter, dann üppige Pensionen! Wo bleibt da die Verhältnismäßigkeit im Blick auf den Normalbürger? Kein Wunder, dass immer mehr Menschen an der Gerechtigkeit zweifeln.

Die Manager selbst tun ja formal nichts Unrechtes, wenn sie auf ihre Aufsichtsräte verweisen, die dies abgesegnet haben. Doch ein Mann macht es vor, dass man nicht alles, was einem zusteht, auch nehmen muss.

Papst Franziskus, »Top-Manager« eines 2000 Jahre alten Unternehmens, verzichtet auf Pracht und Prunk, auf Statussymbole und eine dicke Brieftasche. Das hilft zwar konkret keinem Armen, aber seine Haltung ist ein Beispiel für Tugenden, die manchen Bossen verloren gegangen sind: Bescheidenheit, Verhältnismäßigkeit, Anstand und Verzicht. Gern schmücken sie sich mit ethischen Leitlinien für ihre Mitarbeiter. Doch was nützt der beste Verhaltenskodex, wenn sich die Elite nicht daran hält? Und Elite bedeutet nicht Geldadel,

Gier und Geiz, sondern eine Führungsschicht, deren größtes Kapital Verantwortung und Vertrauen sind.

Es ist unmoralisch, wenn der kleine Mann kaum über die Runden kommt und die Bosse mehr Geld kriegen, als sie ausgeben können.

Wir lernen fürs Leben, nicht für PISA

Beim Wort »Pisa« denkt man meist nicht mehr an den schiefen Turm in der italienischen Stadt, sondern an das, was in Bildung und Erziehung bei uns schiefläuft. Die letzten PISA-Berichte lassen jedoch aufatmen: Unsere Schüler sind besser geworden. Das ist erfreulich, sagt aber nichts darüber aus, ob solche weltweiten Bildungsvergleiche sinnvoll sind.

Kann man Bildung wirklich objektiv messen? Gehört nicht auch Herzensbildung und Lebenserfahrung dazu, neudeutsch »soziale Kompetenz«? Experten zweifeln an PISA, weil weltweit Schüler und Schulen verglichen werden wie die Produktivität von Autofabriken. Nationale und kulturelle Eigenarten werden nicht bedacht, Bildungssysteme über einen Kamm geschoren.

In Asien wird laut PISA effektiver gelehrt und gelernt. Doch wollen wir wirklich, dass unsere Kinder wie in China gedrillt werden, bis gescheite Roboter entstehen? In Japan gibt es eine dramatische Selbstmordrate unter Schülern, denen das Lernen unter Leistungsdruck zur Hölle gemacht wird. Mit solchen Lernfabriken darf man doch nicht ernsthaft deutsche Bildung vergleichen!

Prominente Sitzenbleiber wie Johannes Rau oder Edmund Stoiber haben es in höchste Staatsämter gebracht, Hermann Hesse und Thomas Mann sind gefeierte Dichter, obwohl sie kaum einen PISA-Test bestanden hätten. Und hängt die Qualität eines motivierten Handwerkers oder eines engagierten Pädagogen wirklich davon ab, ob er Albert Einsteins – auch ein Sitzenbleiber – Relativitätstheorie verstanden hat?

Bildung wächst auf dem Boden der jeweiligen Kultur, die Frucht sind kultivierte und nicht manipulierte Menschen. Mir ist ein mittelmäßiger Schüler »Made in Germany« lieber als ein weltweit geklonter Fakten-Apparatschik, der das Bruttoinlandsprodukt am Laufen hält. PISA ist eine virtuelle Computer-Scheinwelt für Zahlen-Fetischisten.

An meinem Gymnasium prangte der weise lateinische Spruch: »Non scholae, sed vitae discimus«: Nicht für die Schule, fürs Leben lernen wir. Heute gilt: Nicht für PISA, fürs Leben lernen wir.

Organspende – Vertrauen ist das Wichtigste

Dies ist keine nüchterne Statistik, es sind Todesurteile, die schwer kranke Menschen in die Verzweiflung treiben: In den ersten neun Monaten des Jahres 2013 gab es, so das *Deutsche Ärzteblatt*, elf Prozent weniger Organspenden als im selben Zeitraum 2012.

Die Zahlen zu 2011 sind noch schlimmer: Wurden da noch 3029 Herzen, Lebern oder Lungen verpflanzt, sind es im gleichen Zeitraum 2013 nur noch 2501.

Ärzte und Kliniken schlagen Alarm, doch sie sind oft selbst schuld daran. Die Bürger, die ihre Organspende-Ausweise wegwerfen oder erst gar nicht ausfüllen, sind es nicht. Die Skandale bei der Organvergabe, die Geschäftemacherei einzelner Ärzte und Kliniken und die Ungewissheit, wann ein Mensch wirklich tot ist und ihm Organe entnommen werden dürfen, lässt den Laien am Sinn solcher Transplantationen zweifeln. Dass sich Angehörige im Zweifel gegen eine Organspende entscheiden, ist bei dieser allgemeinen Verunsicherung allzu verständlich.

Auch immer weniger Ärzte haben einen Spenderausweis. Eine Umfrage ergab, dass 48 Prozent der Ärzte und 41 Prozent der Pflegekräfte in der Intensivmedizin keine positive Einstellung zur Organspende haben. Der Verdacht, bei der Organvergabe werde gemauschelt, es gebe keine zentrale Kontrolle und die gespendeten Organe erreichten nicht immer die richtigen Patienten, muss dringend ausgeräumt werden. Das ist die Aufgabe der Mediziner, gemäß ihrem hippokratischen Eid – und der neuen Regierung, statt sich in einer Show namens Koalitionsverhandlungen in Randfragen zu verlieren.

Vertrauen ist das wichtigste Kapital bei einer so persönlichen Entscheidung, zur Spende eigener Organe bereit zu sein. Misstrauen ist tödlich für die Bereitschaft, einen Spenderausweis auszufüllen, aber vor allem für die 12 000 Menschen, die dringend auf Herz, Leber oder Niere warten. Auch heute müssen vier von ihnen sterben, weil die Medizin das Machbare nicht machen kann.

Eine Goldkruste
erstickt die Kirchen

Der Fall des katholischen Limburger Bischofs Franz-Peter Tebartz-van Elst hat einiges bewirkt: Einen dramatischen Vertrauensverlust in die Kirchen, eine Welle von Austritten, und nun wird auch noch das brenzlige Thema Kirchensteuer diskutiert. Das scheuen die Kirchen wie der Teufel das Weihwasser.

Ich habe nie verstanden, warum die Kirchen, sowohl die evangelische als auch die katholische, so defensiv damit umgehen. Denn die 9,8 Milliarden Euro – so viel waren es 2012 – fließen doch in Bereiche, die die Kirchen besser wahrnehmen, als der Staat es vermag: Notfall- und Militärseelsorge, Caritas und Diakonie, Jugend- und Seniorenarbeit und die selbst unter Atheisten gefragten Kitas und Schulen.

Die Kirchen unterhalten, natürlich mit staatlicher Förderung, so prächtige Kulturgüter wie den monumentalen Kölner Dom oder die romantische Wieskirche. Nach Limburger Maßstäben müsste man solche Kunstschätze allesamt Prunk- und Protzbauten nennen. Auch für Kathedralen hätte man einst Sozialwohnungen bauen und Armen helfen können!

Deshalb halte ich das Theater um die 30 Millionen Euro für ein denkmalgeschütztes Ensemble in Limburg für lächerlich, zumal es ja wohl nicht aus den Kirchensteuern finanziert wurde, sondern vom »Bischöflichen Stuhl«. Der wurde vom Staat als Entschädigung für die Enteignung der Kirchen vor mehr als 200 Jahren gespeist.

Das Lachen ist mir allerdings beim Umgang mit der Person des Bischofs vergangen. Im Radio wurde er als »Eichhörnchengesicht« verspottet, im Fernsehen durfte ein Comedian ein Twitter-Foto kommentieren, das Tebartz als Außerirdischen oder als Horrorfigur »Gollum« aus *Herr der Ringe* darstellt.

So viel an Hass und Häme wie gegen Tebartz habe ich selten erlebt. Es schreit zum Himmel, wenn erklärte Christen oder Kirchenleute sich daran beteiligen und mit ihrem Spott Talkshow-Honorare kassieren.

Der Limburger Fall wirft grundsätzliche Fragen auf. Eine davon ist, ob es weiterhin Kirchensteuern geben soll, die von den Finanzämtern eingezogen werden. Wenn ja, muss geklärt werden, wie diese Geldströme besser kanalisiert und kontrolliert werden können. Doch eine Goldkruste erstickt, was laut Papst Franziskus Kirche sein soll: arm an Kapital und reich an Glauben.

Der anglikanische Bischof John Finney meinte: »Erst als wir wirklich arm wie eine Kirchenmaus waren, fingen wir an, uns auf den wahren Schatz der Kirche zu besinnen: das Evangelium.«

Finger weg von unserem Leben!

In fast allen meinen Büchern habe ich gewarnt: Wehret den Anfängen! Der frühere SPD-Vorsitzende Hans-Jochen Vogel hat mich in einem denkwürdigen Interview im Sommer 2015 noch mal ausdrücklich darin bestätigt: Niemand hat ein

Recht, mit eigener Hand oder der eines Arztes aus dem Leben zu gehen. Vogel warnte vor einer Gesellschaft, in der alte und kranke Menschen geradezu einen moralischen Druck verspüren, ihren Angehörigen die Last von Pflege und Versorgung zu nehmen und lieber aus dem Leben zu scheiden. Man muss ja nicht unbedingt gläubig sein, um zu begreifen, dass das Leben etwas anderes ist als ein klappriges Auto, das man verschrotten kann. Holland und Belgien mit ihrem völlig liberalen Sterbehilfe-»Recht« sind abschreckende Beispiele, wo ältere Menschen aus lauter Angst schon eine ausdrückliche Lebens(!)verfügung unterschreiben. Auch dort wurde immer wieder betont: Sterbehilfe darf es nur in einem eng gefassten rechtlich-medizinischen Rahmen geben.

Doch inzwischen gilt bereits Einsamkeit als Begründung, einen Arzt mit dem Ableben zu beauftragen.

Was für eine eiskalte Gesellschaft, die sich auf solche Weise Leid und Fürsorge vom Halse hält! Der Mensch zählt nur so lange, wie er funktioniert. Doch im Jahr 2014 wurde dem Ganzen noch die Krone aufgesetzt: Das belgische Parlament entschied, Sterbehilfe für unheilbar kranke Kinder zu erlauben. Zwar sind die Hürden hoch: Das Kind muss so schwer krank sein, dass medizinische Hilfe keine Aussicht auf Erfolg hat, und unter unerträglichen Schmerzen leiden. Aber wie will man das eindeutig feststellen? Wo sind die Grenzen? Wie will ein Psychologe die Urteilsfähigkeit eines Sechsjährigen ermitteln? Erfahrene Kinderärzte bezweifeln, dass ein Kind eine solch weitreichende Entscheidung zwischen Leben und Tod treffen kann.

Claudia Kaminski ist eine renommierte Lebensschützerin, die sich bei Demonstrationen von Steine werfenden Links-Chaoten nicht einschüchtern lässt. Sie ist Ärztin der Malteser-Hospize, die in Deutschland 26 Palliativzentren zur Sterbebegleitung von Kindern und Jugendlichen betreiben. Noch nie, weiß sie aus Erfahrung, habe ein Kind gewünscht, getötet zu werden. Im Gegenteil. Sie erfahre auf Kinder-Krebsstationen, dass die Kleinen den verzweifelten Großen, also Eltern und Ärzten, Mut machen mit ihrer ansteckenden Lebensbejahung. »Kinder, die medizinisch umfassend versorgt und menschlich liebevoll betreut werden, haben nicht den Wunsch nach aktiver Hilfe zum Sterben«, erklärt sie.

Die Kleinsten und Schwächsten in unserer Gesellschaft haben ein Recht auf Betreuung und Wertschätzung und nicht auf Sterbehilfe per Giftspritze. Das Gleiche gilt für Senioren oder unheilbar Kranke. Vor Jahren war ich zusammen mit einer mitteldeutschen Ärztin in einer Talkshow zum Thema Sterbehilfe. Ich schien der einzige strikte Gegner in der Runde. Bis sich die Internistin meldete und von ihrer Sterbestation berichtete. 95 Prozent der Todgeweihten klammerten sich ans Leben. Manche zerreißen die Patientenverfügung, weil sie immer noch Hoffnung haben. Deshalb ist der Aspekt, der im Bundestag diskutiert wurde, so wichtig: Die Frage bei Patientenverfügungen ist, wie der Betroffene in diesem Moment entscheiden würde und nicht vor Jahren am grünen Tisch in gesunden Tagen entschieden hat.

Leben und Tod liegen letztlich nicht in unserer Hand. Das ist eine gute Regel der Schöpfung, so schwer das auch im konkreten Fall zu akzeptieren ist. Alles andere ist ein Dammbruch, wie man an unseren Nachbarländern sieht.

Die Flut spült das Gute
in uns zutage und das Böse

Der bayerische Rotkreuz-Chef Leonhard Stärk zieht diese Hochwasser-Hilfswellen-Bilanz: »Vielleicht geht ein Ruck durch unsere Gesellschaft.« Er habe noch nie erlebt, auch bei vergangenen Katastrophen nicht, wie hilfsbereit alle mit anpacken, um die Flutopfer zu versorgen und die Schäden zu beseitigen. In der Tat: Man erkennt unser Volk nicht wieder.

Auch ich habe in dieser Kolumne schon oft beklagt, wie wenig Nachbarschaftshilfe es gibt und dass sich jeder auf den Staat und die »Zuständigen« verlässt, ohne sich selbst einzubringen. Das genaue Gegenteil wird aus den Regionen gemeldet, die so dramatisch vom Hochwasser betroffen sind.

Neben den schlimmen Flut-Filmen sind es diese Bilder, die den Nachrichten den Schrecken nehmen und ein Zeichen der Hoffnung setzen. Es gibt einen wahren Wettlauf der Hilfsbereitschaft: Alt und Jung packen an. Studenten (angeblich nur faulenzend) rackern sich in Passau ab, Jugendliche (angeblich nur rumhängend) liefern sich in Sachsen mit der Bundeswehr eine Olympiade im Sandsäcke-Schleppen, Senioren (angeblich nur belastend) kochen Kaffee und backen Kuchen für die Helfer, Unternehmen (angeblich nur gewinnstrebend) stellen Bautrockner und Pumpen zur Verfügung. Die Flut setzt neue Prioritäten, zeigt ein anderes Gesicht unserer Gesellschaft.

Doch nicht alle werden in der Katastrophe zu guten Menschen. Im Raum Magdeburg drohen Firmen Mitarbeitern mit Kündigung, weil sie spontan den Opfern helfen, statt den Gewinn ihrer Bosse zu maximieren. Solch ein Minimum an Anstand gehört an den Pranger, steht für mich auf der Stufe von Plündern. Die Fluten der Elbe spülen auch das Böse zutage.

Der frühere Bundespräsident Roman Herzog forderte 1997 in seiner berühmten Ruck-Rede, es müsse mehr Miteinander und weniger Egoismus geben. Nach Jahren antwortete er mir resigniert auf die Frage, warum bisher so wenig davon zu spüren ist: »Es geht uns immer noch zu gut.«

Am besten wäre es, wenn Wasser und Schäden jetzt schnell verschwänden, diese Hilfsbereitschaft aber bliebe. Dann spürt unsere Gesellschaft den Ruck, den wir so dringend brauchen.

Auch wenn es wehtut: Es geht nicht ohne Tierversuche!

Eine frühere Kollegin brachte mich mit ihrer Heuchelei regelrecht zur Weißglut: Sie kämpfte fast fanatisch gegen Tierversuche und war bei gefühlt jeder Tierschutzorganisation Mitglied. Doch wenn ihre Migräneanfälle kamen, öffnete sie ihre Handtasche und kramte ein Schmerzmittel hervor; angeblich das einzige, das ihr halt hilft gegen das unerträgliche Kopfweh.

Ich sah die Marke des Mittels, recherchierte ein wenig und stellte fest: Ohne Tierversuche würde es das segensreiche Medikament überhaupt nicht geben.

Nachdem das Bundeslandwirtschaftsministerium bekannt gab, dass im Jahr 2013 rund 2,9 Millionen Tiere bei Versuchen eingesetzt worden sind, ist die Erinnerung wieder laut. Klar, man hat gleich die süße Katze von nebenan vor Augen oder den treuen Blick des goldigen Jack Russell Terriers.

Manche Zeitungen bebildern ihre Artikel bewusst so, obwohl bei den Tierversuchen in ganz Deutschland im Jahr 585 Katzen und 2 474 Hunde betroffen waren; der Zwei-Millionen-Rest sind meist Ratten und Mäuse. Auch der Tierschutz-Missionseifer sollte bei der Wahrheit bleiben.

Tiere sind Geschöpfe und dürfen nicht leiden; und nicht jeder Zweck heiligt jedes Mittel. Jedoch verdanken wir den Tierversuchen der Antike (beginnend um 500 vor Christus) die ersten Arzneien und Operationen, ganz zu schweigen von der späteren Erforschung von Insulin, Antibiotika, Impfstoffen gegen Pocken und Influenza. Und solange es für zwei Drittel aller heute bekannten Krankheiten keine Therapie mit Heilerfolg gibt, brauchen wir die Forschung an lebenden Organismen.

Die einzige Alternative zu Tierversuchen wäre, den Menschen zugunsten der Tiere leiden und sterben zu lassen. Das ist die Wahrheit, und damit hat jeder in unserem freien Land die freie Entscheidung. Nur eines geht nicht: Die Errungenschaften der Medizin und der Pharmazie wie selbstverständlich zu nutzen, gleichzeitig jedoch strikt gegen Tierversuche zu sein.

Auch in diesem Fall ist die politische Korrektheit leider Dummheit, und auch dagegen ist bekanntlich noch kein Mittel erfunden worden.

Von Scharia-Polizei
und Sonntags-Reden

Ich traute meinen Ohren nicht und dachte erst an eine Satire, als eine Kollegin, die auch noch als politische Korrespondentin des Senders benannt wurde, im Radio fröhlich vor sich hin plapperte, wie harmlos doch alles sei: »Da trifft man sich mit den Familien zu einem Mittagessen, alles wird besprochen und geregelt, und alles ist wieder im Lot.« Was die dämliche Dame, entweder unbedarft oder bewusst schönfärberisch (was beides eine Katastrophe für ein öffentlich-rechtliches Massenmedium ist!) beschrieb, ist in Wahrheit knallharte Paralleljustiz. Sie kommentierte nämlich eine Studie des Berliner Senats, nach der es vielfach eine eigene Justiz unter Muslimen, vor allem der großen Familien-Clans, gibt. Im Land des Grundgesetzes machen die sich ihre Gesetze einfach selbst, nach denen »Recht« gesprochen wird. Die Scharia-Polizei lässt grüßen. Was jene Radio-Reporterin mit »alles im Lot« bezeichnet, kann zum Beispiel die Zwangsverheiratung eines Mädchens in den anderen Clan bedeuten, das Einschließen in die Wohnung, während der Mann zur Arbeit ist, die Verschleierung oder eben den Ehrenmord. Der Skandal: Jeder Kundige weiß, was los ist, und das seit vielen Jahren. Aber die Multikulti-Polit-Correctness hat die Sinne vernebelt. Das denkwürdigste Interview meiner Talksendung am Brandenburger Tor war im Jahr 2010 gleich das erste, das jedoch nie ausgestrahlt wurde: Ich hatte die großartige Berliner Jugendrichterin Kirsten Heisig zu Gast, die völlig unbefangen und ohne ein Blatt vor dem Mund diese Paralleljustiz schilderte und geißelte.

Reiche Familien-Clans besorgen die besten Anwälte oder treten als Entlastungszeugen auf, obwohl sie gar nicht dabei waren. »Wir wissen, dass die lügen, aber wir können es nicht nachweisen«, meinte Frau Heisig verzweifelt. Dazu kämen Politik, Kirchen, Gesellschaft, die das alles nicht sehen wollen, die das als Ausnahmen kennzeichnen, verharmlosen, beschönigen und beseelt ihren Karneval der Kulturen feiern. Wenige Tage nach dem aufgezeichneten Interview fand man Frau Heisig tot im Grunewald, offenbar Selbstmord. Aus Respekt haben wir das Filmband vernichtet. Doch seitdem lasse ich mir von niemandem vormachen, wie toll das alles mit den grundgesetztreuen Muslimen sei.

Sie nennen sich dann wohlklingend Friedensrichter, die nach eigener Gesetzgebung handeln. »In manchen Ecken der Stadt herrscht ein Klima der Angst. Der Rechtsstaat hat die Kontrolle verloren. Selbst die Polizei traut sich nicht mehr einzugreifen«, beklagt Neuköllns legendärer Bürgermeister Heinz Buschkowsky (SPD). Ein Bankrott unseres Staates zulasten meist von muslimischen Frauen. Doch die kirchlich-politisch-beseelten angeblichen Frauenrechtlerinnen schert das wenig. Sie lassen sich ihr Wolkenkuckucksheim-Weltbild nicht nehmen. Der eigentlich nicht als naiv bekannte Berliner Justizsenator verkündete obendrein, dass »institutionelle Scharia-Gerichte« nicht bekannt seien. Ja, wartet der denn darauf, bis die eine Adresse und einen Betriebsrat haben?! Nein, die regeln das eben mal so beim Mittagessen, wie jene Radio-Dame plapperte. Nur dass da nicht

Onkel und Tante mit Oma und Enkel um den Tisch sitzen, sondern archaisch-patriarchalische Großfamilien mit organisierter Kriminalität und islamischem Fundamentalismus hinter verschlossenen Wohnungstüren. Verschlossen auch nur für einen Hauch dessen, was unsere freiheitlich-demokratische Leitkultur in Deutschland ist.

Das Schlimmste, so berichtet Buschkowsky, sei ihm auf einer Tagung passiert, wo offen über die Hintergründe sehr milder Urteile unserer Gerichte gegenüber Muslimen gesprochen wurde: »Auch Richter haben Angst um ihre Familien.« Dasselbe gilt für Polizisten. Ein lapidarer Satz, ein Bankrott für unser System. Wahnsinn, was unser Staat in seinem »Der Islam gehört zu Deutschland«-Sonntagsreden-Gesäusel alles seit Jahren und Jahrzehnten duldet. Man sollte der unerschrockenen Kirsten Heisig ein Denkmal setzen! Mir sind persönlich viele Muslime bekannt, die dankbar sind, dass diese mutige Frau den deutschen Leisetretern und den islamischen Hardlinern klare Kante gezeigt hat. Denn die meisten bei uns lebenden Muslime sind selbst entsetzt, was im Land des Grundgesetzes so alles geduldet wird – wider bessere Erkenntnis. Aber auch sie prallen an den beseelten Beschönigern ab. Dass sich unsere Justiz von Scharia-Clans entmündigen lässt, ist der eigentliche Skandal.

Moral-Deutsch, Gender-Murks und Grammatik-Müll

Die meistgesprochene Muttersprache in den Vaterländern der EU ist Deutsch. Mehr als fünf Millionen Wörter hat unsere schöne Sprache, mit denen man herrliche Gedichte und Romane, aber auch nervige Gesetzestexte formulieren kann. Deutsch ist für Ausländer schwer zu lernen und klingt auch nicht so melodisch wie Französisch oder Italienisch, aber wir haben eine präzise und klare Sprache. Doch die wird durch das Wichtigtuer-Sprech Denglisch, durch das Micky-Maus-Gekürzel wie SMS oder Twitter und durch Gutmenschen-Moraldeutsch zu Tode gequält, bis sie gänzlich auf dem Altar des Gender-Wahns geopfert wird.

Mich nervt, wenn ich es akustisch wahrnehmen muss, besonders dieses ewige: Studierende, Mitarbeitende, Teilnehmende. Das ist keine Sprache, das ist Gender-Murks und Grammatik-Müll. Bis in Kirchen und sogar konservative Zirkel hinein bemüßigt man sich dieser elenden politisch korrekten Sprachverhunzung in dem Glauben, damit Gutes zu tun und niemanden zu benachteiligen oder zu beleidigen. Ein Moraldeutsch mit dem hehren Anspruch der Gerechtigkeit, das die deutsche Sprache beleidigt. Als sich endlich (!) die Erkenntnis breitmachte, dass das ständige Studentinnen und Studenten, Politikerinnen und Politiker oder Hausfrauen und Hausmänner ein zeit- und platzraubendes Geplapper ist, hätte ich mir gewünscht: Es geht wieder normal weiter, denn ich habe noch keine Frau kennengelernt, die ernsthaft über Sammelbegriffe wie Deutsche, Teilnehmer oder Studenten beleidigt gewesen wäre.

Nein, es musste etwas ganz Neues her, künstlich, technokratisch, eine Sprache wie aus der Retorte der Chinesischen Kulturrevolution. So liest man inzwischen so schwachsinnige Stilblüten wie Mitarbeitendenjahresendgespräch, das sich gesprochen wie Loriot oder Irrenanstalt anhört. Kurs-teilnehmende und Lehrende werden an Volks(!)hoch(!)schu-len begrüßt, und StudierendensprecherInnen helfen den Neuteilnehmenden, die richtigen Lehrenden zu finden. Un-sere gewachsene Sprache wird systematisch von Gender-TechnokratInnen unter Abwesenheit jeglichen Humors zer-stört und, was das Schlimmste ist, unsprechbar gemacht. Neusprech einer verwalteten Welt, kalt und abstrakt, ohne Herz und Seele. Man friert beim Lesen und Sprechen.

Aber auch ohne Hirn! Denn nicht alle Studierenden sind auch Studentinnen und Studenten. Natürlich sind beklagens-werterweise auch nicht alle Studentinnen und Studenten Studierende. Das Partizip Präsens, so was lernte man früher mal in der Schule, bezeichnet »eine gerade im Vollzug be-findliche Tätigkeit«, wonach ein Studierender also in diesem Moment studiert, Student und Studentin jedoch auch in der Sonne liegen können, ohne Studierende zu sein. Es geht so-gar noch geistloser: Höhere deutsche Bildungsanstalten spre-chen inzwischen selbst den Studenten im Singular mit Stu-dierender an, in offiziellen Dokumenten.

Unsere Sprache wird verhunzt, und wir selbst verarmen. Ich empfehle einen Test – mit Risiken und Nebenwirkun-gen: Wer neben eine blutarme gender-korrekte Gewerkschaf-terInnenrede einen vollmundigen Luther-Text legt, der sieht, wohin wir gekommen sind und wie schön und kraftvoll deutsche Sprache doch einmal war.

Obamas drei Trotz-Sätze
gegen den Terror

»Amerika steht jetzt zusammen! Keine Bombe kann uns besiegen! Wir beten für Boston!« Drei Trotz-Sätze gegen den Terror, mit denen sich US-Präsident Obama kurz nach dem Anschlag in Boston an seine Nation wendet.

So kenne ich Amerika von vielen Besuchen, auch direkt nach dem verheerenden Anschlag vom 11. September 2001: Nach dem Schock wird durchgeatmet und innegehalten, doch dann brechen sich Stolz und Trotz die Bahn. Keine Spur von Resignation, stattdessen ein Wir-Gefühl. Beim Gedenkgottesdienst für die Opfer des Terroranschlags war dieses »Wir« in den USA mit Händen zu greifen.

In der Not kennen die Amerikaner keine Parteien mehr, keine Konfessionen und Religionen, keine Rassen und Klassen. Dann gibt es nur noch Amerikaner, die den Terror sogar während der Trauerreden mit Standing Ovations wegapplaudieren und ihre Verzweiflung mit der patriotischen Hymne *America the Beautiful* wegsingen. Da stehen Präsident Obama und sein republikanischer Rivale Romney, die sich 2012 einen schmutzigen Wahlkampf geliefert hatten, Schulter an Schulter. Da singen die Fans der Yankees, des New Yorker Baseball-Teams, in ihrem Stadion die Hymne ihres Erzrivalen, der Red Sox aus Boston.

Und aus dem Gefühl wird Gewissheit: Wir können den Terror besiegen, wenn wir alle mithelfen.

Bürger schickten spontan ihre Handyfotos und Überwachungsvideos ans FBI, blieben freiwillig in ihren Wohnungen, damit die Polizei die Terroristen jagen konnte. Mit Erfolg! In Deutschland hätte es wohl einer Sondersitzung des Bundestages bedurft, und ein paar übereifrige Politiker hätten den Datenschutzbeauftragten bemüht.

Während wir Deutschen häufig zwischen Trauma und Hysterie schwanken, besiegen die Amerikaner ihre Angst durch ihren Nationalstolz, sagte mir ein weit gereister Berliner Spitzenpolitiker.

Auch wenn die USA nicht in allem Vorbild sind – wie man in der Not zusammensteht, können wir von ihnen lernen.

Herbst im Kalender, Weihnachten im Regal

Ich möchte einen richtigen Sommer zurückhaben, doch während meiner Sommerträumerei stolpere ich im Supermarkt bereits über den ersten Lebkuchenstapel.

Im Gegensatz zu mir hat der Handel den Sommer endgültig abgehakt und ignoriert sogar schlichtweg die aktuelle Jahreszeit. Motto: Alle Jahre früher kommt Weihnachten in die Läden. Ostern ist kaum vorüber, schon verformen sich die Hasen zu Nikoläusen und präsentieren sich aufgereiht hinter Wänden von Christstollen und Dominosteinen. Ich ärgere mich regelmäßig darüber, genauso regelmäßig gibt es Proteste von Verbraucherverbänden und Kirchen – doch es ändert sich nichts.

Im Gegenteil: Als gäbe jemand ein Kommando nach dem Motto »Auf die Plätzchen, fertig, los!«, startet der kommerzielle Weihnachtswahnsinn immer früher. Draußen soll am Sonntag die Sonne strahlen, der Kalender zeigt Herbst, doch der Supermarkt imitiert Christfestgefühle.

Niemand will den Geschäften das Geschäft verderben; zum Christfest gehören Geschenke, Gebäck und Glühwein. Aber alles hat seine Zeit. Wer diese Zeit schon jetzt vorwegnimmt, beraubt die Adventswochen ihrer besonderen Bedeutung.

Gerade für Kinder ist es fatal, wenn sie mit der Meinung aufwachsen, dass es zu jeder Zeit alles gibt. Dass uns systematisch auch die Weihnachtszeit zerstört wird, finde ich schlimm. Ahnen die Meister des Marketings eigentlich, was sie mit ihrer Verkaufsstrategie anrichten?

Was ich immer bekommen kann, hat letztlich keinen besonderen Wert. Kein Wunder, dass in elf Wochen viele froh sind, wenn alles vorüber ist – obwohl doch dann erst die Adventszeit richtig beginnt. Wen monatelang Nikoläuse anstarren und Süßigkeiten-Sonderangebote anschreien, dem ist auch die schönste Stimmung irgendwann verleidet.

Da alle Initiativen gegen »Weihnachten im Sommer« bisher nichts nutzten, gibt es nur einen Weg für mich: die Angebote ignorieren und frühherbstliches Weihnachtsgebäck zum Ladenhüter machen.

Nachbarschaft und Lindenstraße

Den Blockwart aus den unseligen Zeiten der Nazi- und Stasi-Diktatur will ich natürlich nicht. Heute sind es ja meist

Blockwartinnen, die hinter der Gardine sitzen und alles beobachten, was im Haus oder der Nachbarschaft passiert. Wie einst »Else Kling« in der legendären TV-Serie *Lindenstraße*. Es kann auch zu viel Nähe geben, die einem unheimlich wird: »Ach, Sie sind aber wieder spät nach Hause gekommen« – »Sie haben dem Paketdienst gar nicht aufgemacht, Sie schlafen wohl lange« – »Den Müll sollte man aber besser trennen«. Doch heute ist es eher das andere Extrem, das uns gegen Jahresende 2015 wieder einmal erschüttert hat. Da wird eine Frau tot in ihrer Wohnung gefunden, wo sie nicht Tage, nicht Wochen unbemerkt gelegen hat ... Anderthalb Jahre, 18 lange Monate hat diese alte Frau kein Mensch vermisst. Die wenige Post stapelte sich zwar, aber alle Bank-, Miet- und Rentenangelegenheiten gingen automatisch – es lebe die Abschaffung des Bargeldes! 18 Monate unbemerkt – und das nicht in der Anonymität einer Großstadt, nicht in einem 20-stöckigen Wohnsilo. Nein, diese Frau starb in einem kleinen Dorf, und niemand hat es bemerkt.

Wie kalt ist unsere Welt geworden. Ein paar Euro für die Flüchtlinge, ein bisschen Ehrenamt im Aufnahmelager. Aber das war's dann auch. Viele kennen sich heute in der *Lindenstraße* besser aus als in ihrer eigenen Nachbarschaft. Man trauert mit Mutter Beimer, wenn sie ihren Mann verliert. Doch was nebenan geschieht, kriegt man nicht mit.

Es gibt aber auch das andere, auch und gerade auf dem Land. Meine 90-jährige Mutter kann in ihrem 2000-Seelen-Dorf nur deshalb noch in ihrem Haus mit Garten leben, weil sie umgeben ist von echter Nachbarschaft. Und einer Verwandtschaft, die trotz Selbstständigkeit mit einer Tankstelle fast täglich bei ihr vorbeischaut. Wenn da um zehn die Rollläden nicht hoch sind, wird geklingelt. Hecke und Rasen werden geschnitten, und als sie mit 89 Jahren ihr Auto verkaufte, setzte eine beispiellose Hilfsbereitschaft ein. Wer auch immer einkaufen fährt, fragt erst meine Mutter, ob sie was braucht oder ob sie mitfahren will. Nur mit den Einbrechern und denen, die an der Tür klingeln, um unter einem Vorwand ins Haus zu kommen, nimmt sie's selbst auf! Aber frag mich nicht, wie! Die Polizei kam extra vorbei, um sie dafür zu beloben. Auch für die Alarmanlage.

Ich muss den Leuten nicht hinterherspionieren und hinter der Gardine sitzen. Interesse für den Nachbarn und Aufmerksamkeit ist etwas anderes als Kontrollieren und Spionieren. Wir dürfen vor lauter Fernsehen die Nahsicht nicht verlieren. Da bin ich leider der Erste, der Defizite eingestehen muss!

Das Kreuz ist auch ein Symbol für die Werte des Grundgesetzes

»Das Kreuz ist eine Bedrohung für alle Nichtchristen«, meint ein türkischer Abgeordneter. Deshalb müsse es aus dem Münchner Gerichtssaal entfernt werden, in dem der NSU-Prozess verhandelt wird.

Die bayerische Staatsregierung beharrt jedoch auf dem Kreuz an der Wand und begründet dies mit der christlichen Tradition. Selbst dem Vorsitzenden des Zentralrats der Muslime in Deutschland geht die »Kreuz ab!«-Forderung aus Ankara zu weit. Nicht so die ranghöchsten deutschen Bischöfe, die auf dem Jerusalemer Tempelberg ihr Amtskreuz abnahmen, wenige Meter neben Golgatha, wo Jesus Christus sein Kreuz aufnahm.

Lohnt es sich wirklich, für das Kreuz zu streiten, wo sich das Gericht schon mit der Presseplatz-Verlosung blamiert hat? Wenn man das Thema mit Worthülsen wie »christliches Abendland« abtut, kann man's in der Tat gleich abhängen.

Das Kreuz ist im demokratischen Nachkriegsdeutschland ein Symbol für das, was die Mütter und Väter unseres Grundgesetzes bewusst in dessen Präambel geschrieben haben, als Lehre aus der Nazi-Barbarei: »In Verantwortung vor Gott und den Menschen.« Nie wieder sollten Gott und seine Gebote abgeschafft und ein »Führer« eingesetzt werden, der das Recht beugt. Auf diesem Vorsatz beruhen die Grundrechte wie Menschenwürde, Menschenrechte, Gleichheit vor dem Gesetz und Gleichwertigkeit von Mann und Frau. Diese Werte sind im Neuen Testament der Bibel nun mal eher zu finden als im Koran. Das gehört zur historischen Wahrheit.

Unbestritten ist, dass im Namen des Kreuzes viel Unheil angerichtet worden ist, man denke nur aktuell an die Missbrauchsskandale. Das spricht jedoch nicht gegen das Kreuz, denn es käme ja auch niemand auf die Idee, etwa die Reformpädagogik nur deshalb abzulehnen, weil sie an der Odenwaldschule von Kinderschändern pervertiert wurde.

Die Bedeutung des Kreuzes als Symbol von Recht und Gerechtigkeit gerade nach den bitteren Erfahrungen des Dritten Reichs leuchtet selbst Nichtchristen ein, wenn man es offensiv erklärt und nicht religiös verklärt. Wenn ein Kabarettist spottet, man könne statt des Kreuzes doch eine Brezel in den Gerichtssaal hängen, finde ich das nicht witzig, sondern dumm. Wer in falsch verstandener Toleranz das Kreuz abhängt, verdrängt die Lehren aus dem schlimmsten Kapitel unserer Geschichte. Wer sich allerdings bloß auf abendländische Traditionen beruft, kann auch ein Bild von Goethe aufhängen – oder eben eine Brezel.

Müll, Sauberkeit, Faschismus-Keule

Ob es sinnvoll ist, dass alljährlich in der Silvesternacht Millionen kostbarer Euros verknallt und verschossen werden, steht auf einem anderen Blatt. Aber wenn ich am Neujahrsmorgen durch die leeren Berliner Straßen spaziere und die »Überreste« sehe – die meist auch noch eine Woche später dort liegen –, dann packt mich die Wut. Bierkisten-große Kartons mit abgefackelten Raketen, der Riesenkracher der modernen Silvesterknallerei, plus Sekt- und Bierflaschen, teils schon in Scherben, zieren die Bürgersteige. Niemand fühlt sich bemüßigt, den Unrat wegzuräumen, obwohl die Häuser (und in ihnen wahrscheinlich auch die Verursacher) klar zu identifizieren sind, von denen der Müll stammt. Irgendein Dummer wird sich schon finden, notfalls die Stadtreinigung – und dafür zahlt dann die Allgemeinheit Steuern.

Wir vermüllen unsere Städte, als käme nach uns nur noch die Sintflut. Nach den Picknick- und Grill-Orgien an lauschigen Sommerabenden sind die Parks am nächsten Morgen reinste Müllhalden. Auf die Bürgersteige setzen Hunde ihre

Häufchen, an die Wände und zwischen Büsche wird ungeniert uriniert, die Abfallbehälter quellen über, Scherben auf den Spielplätzen, Kaugummis auf den Gehwegen, Radfahrer nehmen Fußgängerwege schamlos und lebensgefährdend in Besitz, bei roten Ampeln scheint die Masse farbenblind. Wer mit offenen Augen durch unsere (Innen-)Städte geht, fragt sich, wo Anstand und Moral geblieben sind. Es sind nur noch Egoisten unterwegs, die sich einen Dreck darum scheren, was mit dem Dreck passiert, den sie anrichten.

Eine »Verwahrlosungskultur« (Christine Eichel) macht sich breit, eine rücksichtslose Mir-doch-egal-Mentalität. Irgendwer wird den Dreck schon wegräumen. Die Hemmschwelle sinkt, rücksichtslos irgendwo irgendetwas wegzuwerfen oder liegen zu lassen. Natürlich sind zum Beispiel die Berliner Stadtreinigungsbetriebe (BSR) mentale Mitverursacher, wenn sie mit einem originellen und dennoch blöden Spruch werben: »We kehr for you.« Höflichkeits- und Sauberkeitsregeln zu befolgen, hat kaum Konjunktur. Rüpel rühmen sich, doch nur ihr »Recht« wahrzunehmen, schließlich bezahlt man ja Steuern. Man wird als »Spießer« beschimpft, wenn man Rüpel zur Räson ruft. Ordnung und Sauberkeit sind doch nur Sekundärtugenden für »Obernazis«. Selbst bei diesem Thema wird die Faschismus-Keule rausgeholt, man fasst es nicht.

Dabei ist es doch so einfach, sich die Volksweisheit der Bibel zu eigen zu machen, damit alle sich wohlfühlen: »Was du nicht willst, das man dir tu, das füg auch keinem andern zu!« Wer nicht hören will, muss fühlen – diese Volksweisheit setzt zum Beispiel der asiatische Stadtstaat Singapur um:

Wer bei öffentlicher Müll-»Entsorgung« erwischt wird, dem drohen drakonische Strafen. So könnte man auch bei uns allein nach Silvesternächten und Grill-Orgien die klammen Stadtkassen füllen.

Politiker sollen ihr Vermögen offenlegen

Wer im Kabarett die Lacher auf seiner Seite haben will, bezeichnet italienische oder französische Politiker als »Inbegriff vorbildlicher Ehrlichkeit«. Was sich in diesen Ländern bis in die Staatsspitze hinein an Abgründen von Korruption und Selbstbedienung auftut, lässt die Vorwürfe gegen Ex-Bundespräsident Christian Wulff zu den sprichwörtlichen Peanuts schrumpfen. Ein besonders pikantes Beispiel: Ausgerechnet der französische Minister, der für den Kampf gegen Steuerhinterziehung zuständig ist, hat selbst ein Schwarzgeldkonto. Auch andere Kabinettsmitglieder kommen ins Gerede.

Staatspräsident François Hollande tritt die Flucht nach vorn an und will künftig per Gesetz verhindern, dass korrupte Politiker jemals wieder ein Staatsamt bekommen. Zudem sollen alle Vermögensverhältnisse von Parlamentariern und Spitzenpolitikern veröffentlicht werden. »Vive la France!«, kann man da nur rufen. Es lebe Frankreich, das hier wirklich zum Vorbild taugt.

Undurchsichtige Lobbyisten-Posten und ungeklärte Nebeneinkünfte haben auch in Deutschland dazu geführt, dass das Ansehen unserer Politiker gering ist. Die BAT-Zukunftsstudie ermittelte, dass nur noch drei Prozent der Bürger ihren Parlamentariern vertrauen. Der Ruf nach »gläsernen Abgeordneten« wird lauter.

Was spricht dagegen, dass Leute, deren größtes Kapital Unabhängigkeit und Unbestechlichkeit sein sollte, Einkommen und Vermögen öffentlich machen? In den USA ist es selbstverständlich, dass ein Präsidentschaftskandidat seine Steuererklärung ins Internet stellt. Es sind ja gerade Politiker, die die Offenlegung und Begrenzung von Managergehältern und Beamten-Nebentätigkeiten fordern. Diesem Anspruch müssen sie selbst genügen.

Also nur Mut, liebe Politiker! Auch mein Gehalt und das des ZDF-Intendanten sind bekannt. Wenn das hilft, verlorenes Vertrauen in unsere Elite zurückzugewinnen, ist dieser Weg richtig. Wer die Total-Transparenz von Hartz-IV-Empfängern fordert, darf selbst nichts im Dunkeln lassen.

Angela im Neuland und die Koalition der Häme

Ist unsere Bundeskanzlerin Angela Merkel zu dumm für die moderne Internet-Welt? Hockt Mutti quasi als Oma hinter den sieben Bergen? Twitterweise ergießen sich Hohn und Spott über Angela Merkel, seitdem sie auf der Pressekonferenz mit US-Präsident Barack Obama erklärte: »Das Internet ist für uns alle Neuland.«

Nichts anderes scheint der Netzgemeinde vom Obama-Besuch mehr wichtig, »Neuland« wurde in Sekundenschnelle bei Twitter zum Trendbegriff Nummer eins. Und wer bei

Google »Merkel« eingibt, bekommt als Vorschläge nicht mehr Bundeskanzlerin oder Deutschland angeboten, sondern Neuland.

Rund 965 000 Artikel sind das Ergebnis der Empörungs- und Witzwelle. Die Merkel-Neuland-Nummer beflügelt die Fantasie der Häme, als hätte die Kanzlerin – wie einst Helmut Kohl – die Datenautobahn für eine Straße gehalten. Natürlich immer anonym und meist geistlos fallen die Netzversteher in grenzenloser Gehässigkeit über Merkel her, als gäbe es kein Morgen.

Hat sie nicht recht, dass das Internet wirtschaftlich, gesellschaftlich und juristisch noch immer Neuland ist? Und bei der dramatischen Internet-Spionage (und darum ging es bei dem Neuland-Spruch!) ist nach wie vor ungeklärt, wie Freiheit und Sicherheit im Netz abzuwägen sind.

Rund ein Viertel der Deutschen ist nicht online, meist die Generation 60 plus. Für sie ist »Neuland« nicht neu, sondern unerreichbar fern. Und die anderen 75 Prozent surfen und mailen meist nur, eine App nutzt bloß jeder Zehnte – einmal pro Woche.

Das ist der nüchterne Neuland-Befund. Die ganzen Möglichkeiten von Web 2.0 nutzt eine Minderheit, die sich jetzt überheblich zum Twitter-Gewitter erhebt.

Dumpfes Stammtischgedröhn wird nicht dadurch intelligenter, dass es im Internet daherkommt. Wer eine Suchmaschine bedienen kann, ist noch längst nicht schlau. Die Kollegen der *Süddeutschen Zeitung* titelten treffend:

»Neuland-Aufschrei im Spießer-Netz«. Der aktuelle Shitstorm sagt viel aus über die Netzgemeinde und wenig über die Qualität der Kanzlerin. Noch viel, viel Bildung, Weisheit und Demut zum Beispiel braucht jene Userin, die twitterte: »Wenn ich mal groß bin, will ich Kanzlerin von Neuland werden.«

Von Pastoren, Pazifisten und besseren Menschen

Die Rede von Joachim Gauck im Februar 2014 auf der Münchner Sicherheitskonferenz gehört zu den wichtigsten, die er als Bundespräsident gehalten hat. Mitten in der Debatte um den Einsatz deutscher Soldaten in Mali fordert er mehr Engagement unseres Landes in den Krisenherden der Welt. Dazu zählt er auch Militäreinsätze im Einklang mit UNO und NATO. Längst sind die Anforderungen größer geworden: der Kampf gegen den »Islamischen Staat« (IS) oder die Beendigung des grausamen Völkermordes in Syrien. Eine klare Ansage, die ich von einem Pastor, der Gauck ja ist, nicht erwartet hätte. Theologen sind meist voll auf Pazifismus-Linie. Frieden schaffen ohne Waffen, dieser Illusion geben sich friedensbewegte Pfarrer selbst dann hin, wenn in Krisenstaaten Bürgerkrieg oder Tyrannen herrschen.

Doch mit Sozialarbeit, Mediatoren oder Stuhlkreisen, möglichst noch kirchentags-beseelt mit lila Halstuch als Karneval der Kulturen, sind Diktatoren wenig zu beeindrucken. Kerzen und Gebete haben die DDR niedergerungen, das ist wahr. Und Joachim Gauck hatte seinen Anteil daran. Er würde jedoch das damalige SED-Regime niemals mit der Terrorherrschaft islamistischer Diktatoren vergleichen. Da geht es nur mit Gewalt. Einer bekannten Theologin, die sich vehement gegen den Einsatz von Waffen im Krieg gegen den IS aussprach und Diplomatie und Mediation forderte, antwortete ich öffentlich: »Dann fahr doch schon mal hin zu den Taliban und zeig uns, wie das geht!« Manchmal hilft nur noch Galgenhumor.

Krieg ist immer die »Ultima Ratio«, die allerletzte Möglichkeit. Doch wie anders konnte man Saddam Hussein stürzen oder den mörderischen Bürgerkrieg in Mali beenden? Nur wer die Bibel missversteht, lehnt den »Einsatz des Schwertes« (so der Apostel Paulus in seinem Brief an die Römer) grundsätzlich ab. »Mit der Bergpredigt kann man die Welt nicht regieren«, sagte Altbundeskanzler Schmidt, und damit hat er recht. Pazifismus kann pure Menschenverachtung sein. Es gilt, zwischen Gesinnungsethik und Verantwortungsethik zu wägen. Jeder »-ismus« ist eine Ideologie. Doch ohne Schuld geht es nie. Nichtstun kann genauso falsch sein wie Eingreifen. Das muss man bedenken, bevor man Soldaten als Mörder beschimpft und den Dienst in der Bundeswehr als unchristlich brandmarkt, als seien Pazifisten bessere Menschen. Von den Widerstandskämpfern des Dritten Reiches kann man lernen, wie sehr sie das Gewissen gequält hat, den »Führer« zu vernichten. Wo wir spontan sagen würden: Daran kann doch kein Zweifel bestehen, dass das gut und richtig ist. Das war kein Hurra-Patriotismus von Leuten, um später als Helden und Märtyrer in die Geschichte einzugehen. Ob Stauffenberg, Boeselager oder Graf Moltke, die christlich geprägten Hitler-Gegner waren sich einig: »Kein Handeln ist ohne Sünde. Zum Schluss wird Gott entscheiden, ob wir im Sinne des Lebens gehandelt haben.« Diese Demut wünschte ich mir bei Pazifisten, die der Meinung sind, ohne jeden (Selbst-)Zweifel auf der richtigen Seite zu stehen.

Ex-Pfarrer Gauck weiß genau, dass es die Wiedervereinigung Deutschlands ohne den Doppelbeschluss der NATO gegen die Aufrüstung der damaligen Sowjetunion nicht gegeben hätte. Deshalb geht sein Appell auch an die heutigen Politiker, sich nicht von Stimmungen der Umfragedemokratie leiten zu lassen. Helmut Schmidt und Helmut Kohl haben den Doppelbeschluss gegen die Kirchen, die Pfarrer und die Mehrheit im Volk durchgesetzt. Sie waren gut beraten.

Ein Experiment der Bahn, das Schule machen sollte

»Versetzen Sie sich doch mal in meine Lage«, klagte die alte Dame, als ein junger Schnösel am Fahrkartenautomaten drängelte, weil die Frau mit der kleinen Schrift auf dem Display und den verworrenen Angeboten von Kurzstrecke bis Netzkarte nicht fix genug zurechtkam.

Genau das tut die Bahn mit einem Experiment, das die Mitarbeiter für Probleme von Senioren sensibilisieren soll.

»Bild«-Kollege Florian Schmidt, 22, hat die Probe aufs Exempel gemacht und sich in einen 70-Jährigen verwandelt: Ein 17-Kilo-Anzug macht die Glieder lahm, ein gelbes Visier trübt die Sicht, Kopfhörer simulieren Schwerhörigkeit. Ergebnis: Alles ist viel langsamer und komplizierter. Dass es als Oldie so schwer sei, hätte er nie gedacht, so Schmidts Fazit.

Erfahrungen wie diese kann man überall im Alltag machen: Die Gänge in vielen Supermärkten sind viel zu eng für Senioren mit Rollatoren; Sonderangebote und Wühltische stehen im Weg; Regale sind auch nur was für groß gewachsene Jünglinge; Dosen und Gläser sind meist so gestapelt, dass man schon ein Zirkus-Jongleur sein muss, um ein Exemplar zu fassen zu kriegen, ohne dass alle anderen sich selbstständig machen. Ich muss oft an Ephraim Kishons Satire »Rafi im Supermarkt« denken, wo der kleine Knabe von einem Dosenstapel zielgenau »die zentrale Stützkonserve« ergattert und den ganzen Berg zusammenfallen lässt.

An Bahnhöfen kann man erleben, dass wochenlang wichtige Rolltreppen oder Aufzüge defekt sind. Warum denkt niemand an Senioren oder Behinderte und gibt der Reparatur oberste Priorität? Überhaupt sind im öffentlichen Leben die Schriften meist zu klein – ganz zu schweigen von dem »denglischen« Blödsinn wie Bike-Station, Info-Corner oder Paket-Shop.

Sich öfter mal in die Lage der anderen, der Konsumenten und speziell der Senioren zu versetzen, das könnte uns allen das Leben erleichtern. Das Bahn-Experiment sollte Schule machen!

Warum unterstützen wir Steueroasen mit unserer Entwicklungshilfe?

Mit seinen Ideen geht Peer Steinbrück auf jeden Fall in die Geschichte ein: die Kavallerie Richtung Schweiz in Marsch zu setzen, um das dortige Bankensystem zu torpedieren. Jetzt müsste er schon U-Boote oder Kriegsschiffe losschicken, denn ein weiterer Steuerhinterziehungs-Schwarzgeld-Skandal spielt auf kleinen Inseln in karibischer Ferne. Unvorstellbare Summen sollen in diese Oasen verschoben worden sein, auch von deutschen Großkapitalisten.

Ganz klar: Alles, was illegal ist, muss verfolgt und bestraft werden. Deutsche Staatsbürger haben sich an deutsche Gesetze zu halten. Doch warum in die Ferne schweifen? Warum kehren diejenigen, die jetzt überrascht aufschreien, als hätten sie nie gewusst, was in diesen »Oasen« so alles passiert, nicht vor der eigenen Tür?

Zum Beispiel in Potsdam, wo die rot-rote brandenburgische Landesregierung Teile ihres Beamten-Pensionsfonds auf Zypern und den Cayman-Inseln angelegt hat. Experten wussten doch, dass die hohen Renditen in diesen Schwarzgeld-Eldorados nur dem undurchsichtigen Bankensystem zu verdanken sind.

Oder der niedersächsische »Staatskonzern« VW, der amerikanische Gewinne im US-Bundesstaat Delaware versteuert, obwohl sich dort weder Werkshallen noch Büros befinden – nur ein Briefkasten, wie ihn Tausende andere Firmen auch haben. Nur aus dem Grund, weil dort die niedrigsten Steuersätze zu zahlen sind. Beides ist legal, doch nicht alles, was Recht ist, ist auch rechtens.

Und es ist ein Witz, dass karibische Steuerparadiese von Deutschland jährlich mehr als 300 Millionen Euro Entwicklungshilfe bekommen. All die »Fachpolitiker«, die sich darüber öffentlich empören, sollten die Kavallerie in der Kaserne lassen und stattdessen den eigenen Laden mit eisernem Besen ausfegen.

Rettet die Zigeunersoße
und die Nonnenfürzle!

Müssen uns geifernde Gutmenschen mit ihrer penetranten politischen Korrektheit eigentlich alles madig machen? Selbst bei Leckerbissen beißen sie zu, wobei ich nicht den Veggy-Day-Wahnsinn der Grünen meine, sondern den Debatten-Dauerbrenner »Zigeunerschnitzel«. Ich dachte, nach dem lächerlichen Negerkuss- und Mohrenkopf-Krieg sei nun Ruhe an der Front. Doch auch hier gilt: Kaum ist Gras über ein Thema gewachsen, kommt ein Kamel und frisst es wieder auf.

Ein Verein von Sinti und Roma in Hannover fordert aktuell, »Zigeunersoße« in »Paprikasoße« umzutaufen. Diese Aktion würde ich ja noch verstehen, wenn man etwas Ekliges nach Städten oder Volksgruppen benennt. Aber selbst die schwäbischen Köstlichkeiten Nonnenfürzle (Fettgebackenes) und Herrgottsbescheißerle (Maultaschen) tragen ihre Namen mit Würde. Und es gibt bekanntlich nach wie vor Gruppen der Sinti und Roma, die sich als Zigeuner verstehen.

Was sollen die Frankfurter, Hamburger, Leipziger, Berliner oder Wiener sagen, die man laut Speisekarte auch essen kann?

Die Firma Knorr hat beschlossen, trotz Bannstrahl der Sprachpolizei die Bezeichnungen »Eskimo« für ihr Eis und »Zigeunersoße« beizubehalten. Richtig so! Denn niemand glaubt doch ernsthaft, jemand würde zum Rassisten, wenn er Eskimo-Eis schleckt oder Zigeunerschnitzel isst. Oder wenn er sich an Johann Strauss' Operette *Zigeunerbaron* erfreut.

Der Zentralrat der Sinti und Roma hat recht, wenn er zu dem Vorschlag aus Hannover meint, man dürfe das Anliegen eben dieser Volksgruppen nicht selbst ins Lächerliche ziehen.

Genießen wir also die leckeren Speisen, bei denen jeder nur Gutes im Sinn hat und einem das Wasser und nicht der rassistische Geifer im Munde zusammenläuft. Die Debatte ist nichts als Quatsch mit (Zigeuner-)Soße.

Kein Mensch ist zu alt für eine lebensrettende OP

Gern schmücken sich Krankenkassen mit dem wohlklingenden Etikett »Gesundheitskasse.« In dem Fall einer 72 Jahre alten Hamburgerin ist wohl eher der Begriff »Sterbekasse« korrekt. Denn die Kasse verweigerte der an Leukämie erkrankten Seniorin die Übernahme der Kosten für eine lebensrettende Stammzelltransplantation. Das kalte Argument der Krankenkasse: »Die Behandlung verstößt gegen das Wirtschaftlichkeitsgebot.« Im Klartext: Diese Frau ist einfach zu alt, um ihr eine 110 000 Euro teure Operation zu finanzieren.

Ohne die Behandlung hätte die Frau, so berichtet das *Hamburger Abendblatt*, nur noch ein Jahr zu leben gehabt. Sie ließ sich auf eigene Kosten operieren, klagte gegen die Kasse und bekam vom Sozialgericht recht.

Jeder weiß, die Ressourcen im Gesundheitswesen sind knapp und die Überalterung unserer Gesellschaft wird immer teurer. Aber es ist ein Skandal, wenn Versicherungen Milliardenüberschüsse melden, aber älteren Beitragszahlern teure Operationen verweigern. Wir dürfen nicht hinnehmen, dass neben der oft kritisierten Zweiklassenmedizin von privat und gesetzlich Versicherten künftig eine Dreiklassenmedizin entsteht: Wer alt ist, bekommt gar nichts mehr.

Bundesgesundheitsminister Daniel Bahr klagte 2012, in Deutschland würden weltweit die meisten Knie- und Hüftoperationen durchgeführt. Müssen Senioren deshalb Angst haben, bald OPs selbst zahlen zu müssen? Es ist doch logisch, dass Ältere höhere Genesungskosten verursachen als Jüngere. Genau deshalb gibt es doch unser Sozialsystem. Wir dürfen es nicht zulassen, dass Alte gegen Junge ausgespielt werden und Gesundheit nur nach Kassenlage garantiert wird. Es ist schlimm, wenn erst Richter eingreifen müssen. Ärzte sollen Leben retten! Krankenkassen-Bürokraten dürfen sie daran nicht hindern!

Bananenrepublikhafte Hauptstadt-Pendelei

Eine Anfrage im Bundestag brachte es an den Tag: Für die Haushaltsdebatte Ende 2015 fielen mindestens 50 000 Euro Reisekosten an, die »die Bonner« verursachten. Was die wenigsten noch wissen oder merken, schlägt Jahr für Jahr mit Millionen zu Buche: dass nämlich immer noch sechs Bundesministerien ihren Hauptsitz in Bonn haben, darunter so wichtige wie das Verteidigungsministerium. Ein Wahnsinn! Alle verfügen außerdem über repräsentative Residenzen in Berlin, die entscheidenden Leute sind ohnehin in der Hauptstadt angesiedelt, und die Minister sind nur ab und zu zur

Deko am Rhein. Die Musik spielt an der Spree, und zwei Regierungssitze sind ein Luxus, der durch nichts mehr zu begründen ist.

Bereits bei der historischen Bundestagsentscheidung zugunsten Berlins war ich der Meinung: Bitte, keinen Umzug auf Raten. Bonn müsse im Gegenzug andere Behörden bekommen, aber kein Auseinanderreißen der Regierung. Denn was einmal beschlossen ist, wird schwer zu verändern sein, wie man nach fast zwanzig Jahren nun eindeutig sieht. Trotz aller Beschwörungen: Es wird weiter gependelt und Zeit und Geld vergeudet. Wobei mir der unter Einsatz aller Emotionen erfolgte Berlin-Beschluss immer schleierhaft war: Es entsprach doch unserem Grundgesetz und der herrschenden Meinung, dass Bonn nur »provisorische Hauptstadt« war und nach »Vollendung der Einheit« natürlich Berlin die Nummer eins ist. Wie dem auch sei: Berlin ist mit sechs Ministerien (zu) teuer erkauft worden, ein Regierungs-Reisezirkus wurde in Gang gesetzt, der jetzt endlich mal ein Ende haben muss – und zwar Tabula rasa und nicht scheibchenweise.

Bonn gebührt großer Dank, dass nach der Schreckensherrschaft der Nationalsozialisten in bescheidenem Ambiente fern von Berlin eine stabile Demokratie entstehen konnte, während in (Ost-)Berlin ein kommunistischer, moskauhöriger Satellitenstaat aufgebaut wurde. Das Vermächtnis der Bonner Republik ist das Grundgesetz und die Erinnerung an die Idylle des Wirtschaftswunders, »zufällig« schräg gegenüber von Adenauers Rhöndorfer Wohnhaus, nur eine Fähre weit entfernt. Doch jetzt geht es um effektive Arbeit, um Kostensparen und ein Ende der sinnlosen Pendelei Hunderter Beamter. Es heißt nicht umsonst auf den Bonner Fluren: »Wer Karriere machen will, muss nach Berlin.« Dieselbe Regierung, die von Lehrlingen und Arbeitnehmern Mobilität verlangt, scheut für die eigenen Beamten den Umzug. Verkehrte Welt.

Und haben die Bonner einmal darüber nachgedacht, dass sie ein Image haben, das sie gar nicht brauchen? Sie gelten als Almosenempfänger, denen man noch ein bisschen was dagelassen hat beim großen Aufräumen. Doch das hat das schöne, alte Provisorium gar nicht nötig. Die Einwohnerzahl ist nach dem Regierungsumzug sogar gewachsen, Telekom und Post haben ihren Hauptsitz am Rhein, Universität und Kulturangebot haben einen exzellenten Ruf. Es ist im Interesse aller, endlich Schluss zu machen mit dem teuren und ineffektiven Reisezirkus und komplett nach Berlin zu ziehen. Alles andere hat, wie ein rheinischer Hauptstadtkorrespondent schreibt, etwas »Bananenrepublikhaftes«.

Mutigen Reportern bin ich dankbar

»Die Pressefreiheit in diesem Land ist ungewollt sein Vermächtnis, weil er sie einschränken wollte«, sagt der Schauspieler Francis Fulton-Smith über Franz Josef Strauß, den er in einem ARD-Film über die *Spiegel*-Affäre darstellt. Er hat recht, denn kaum ein Ereignis hat in der Bundesrepublik Deutschland das Bewusstsein für die Freiheit der Presse so sehr geschärft wie diese Affäre 1962. So haben Ereignisse, die einen selbst oder eine ganze Nation aufwühlen, im Nachhinein oft etwas Gutes. Und sei es die Meinungs- und Pressefreiheit, die so selbstverständlich im Grundgesetz steht, dass wir gar nicht darüber nachdenken, wie hoch ihr Wert ist und um welchen Preis sie erkämpft wurde. Dass Demokratie kein Selbstläufer ist, daran soll der »Tag der Pressefreiheit« erinnern, der jedes Jahr am 3. Mai begangen wird.

Es gilt für Journalisten, nicht Partei zu ergreifen, sondern unvoreingenommen, umfassend und ausgewogen zu berichten und zu recherchieren. Das gilt besonders da, wo die Wahrheit vertuscht werden soll. Investigativ im besten Sinn hat ja nichts Kriminelles oder Hinterhältiges. Bei allem sollte als oberstes Gebot die Fairness gelten. Auch dass man immer mit bedenkt, was man mit Nachrichten anrichtet. Menschen zu zerstören, Familien und vor allem Kinder mitzureißen, das hat mit der berechtigten Aufklärung von Skandalen nichts zu tun. Das ist menschenverachtend. Dazu gehört auch die Frage, welche Bilder man veröffentlicht und wann Recherche zur Kampagne wird.

Nicht nur zum »Tag der Pressefreiheit« sollte es gehören, für alle Kollegen einzutreten und an die zu erinnern, die Leib und Leben aufs Spiel setzen, wenn sie aus Kriegs- und Krisengebieten berichten und die Verbrechen von Diktatoren aufklären. Allein im Jahr 2015 mussten mehr als 110 Journalisten und rund 40 Internet-Blogger ihren Einsatz für die Pressefreiheit mit dem Leben bezahlen, 87 wurden entführt, 178 sitzen in Haft. Zu den gefährlichsten Ländern für Journalisten gehören laut Menschenrechtsorganisation »Reporter ohne Grenzen« die Konfliktgebiete Syrien, Somalia, Pakistan,

Irak und die Palästinensergebiete. Uns Deutsche hat der Mord an der Kriegsfotografin Anja Niedringhaus besonders erschüttert. Anfang April 2014 wurde die Pulitzer-Preisträgerin in Afghanistan auf offener Straße von einem Polizisten erschossen.

Die meisten Kriegs- und Krisenreporter sind keine Abenteurer, die leichtfertig ihr Leben aufs Spiel setzen. Sie tun es im Kampf um die Wahrheit und gegen die Propaganda regimetreuer Agenturen. Aus der sicheren Distanz meines Berliner Schreibtisches bin ich dankbar für die mutigen Reporter, die sich immer wieder in den Kampf um Wahrhaftigkeit wagen. Danke, Kollegen!

Weihnachten? Ostern? Keine Ahnung!

»Was feiern wir Ostern?«, fragte eine Lehrerin in einem TV-Werbespot ihre Schüler. Nach kurzer Pause schreien alle: »Wicki!« Was als netter Gag für eine Kinderserie im Feiertagsprogramm gedacht war, ist in Wahrheit traurige Realität. Jeder Fünfte weiß nicht, weshalb wir Ostern feiern, so Umfragen. Noch schlimmer steht es um Pfingsten oder Christi Himmelfahrt. Selbst bei Weihnachten kommen die Leute schon ins Schwitzen. Und das in einem Land, wo in jedem Dorf eine Kirche steht. Doch auf deren Kanzeln stehen oft verhinderte Politiker, die in ihren »Predigten« eine Wiederholung der Tagesschau präsentieren. Drohbotschaft mit Polit-Rezepten statt Frohbotschaft der Gnade Gottes. Mir erzählte ein Kollege, er sei nun bereits in sieben verschiedenen

Berliner Kirchen zum »Gottes«-Dienst gewesen, in nur einer Predigt sei von Jesus die Rede gewesen. Ein anderer, ein allseits bekannter Auslandskorrespondent, berichtete mir nach dem Weihnachtsgottesdienst in einer SMS, er habe »nicht die frohe Botschaft von der Geburt des Gottessohnes, sondern das Gelaber eines Gleichstellungs- und Flüchtlingsbeauftragten gehört«, und schließt mit dem Satz: »Nie wieder gehe ich in eine Kirche.« Schade!

Natürlich gibt es auch andere, lebendige Gemeinden mit guten Pastoren und Predigern, die den Menschen ins Herz sprechen. Sie stellen die Inhalte der uralten Bibel so aktuell dar, dass keine Frage offenbleibt, was nun an Weihnachten oder Ostern historisch passiert ist. Tatsächlich ist Ostern das lebendige Herzstück des christlichen Glaubens. »Wäre Christus nicht auferstanden, so ist der ganze Glaube umsonst«, schreibt der Apostel Paulus bereits in einer Zeit, in der die Zeugen noch lebten. Und kein Märtyrer – bis hin zu den heute verfolgten Christen oder den Widerstandskämpfern des Dritten Reiches – würde doch sein Leben für Märchen und Legenden aufs Spiel setzen.

Mich bewegt jedes Jahr erneut die Feier der Osternacht mitten in Berlin. Die Kirche ist anfangs stockdunkel, Symbol für Trauer und Tod, Karfreitags-Stimmung. Dann wird die Osterkerze entzündet, einer gibt sie dem anderen weiter, bis der ganze Raum erstrahlt. Dann rufen alle: »Christus ist auferstanden!« Und nicht »Wicki!« wie im Fernsehspot.

Die Nachricht, dass Jesus Christus lebt und nicht im Grab vermodert ist, ist das Beste, was die Welt je gehört hat. So schwer sie zu begreifen ist, so leicht macht sie mein Leben:

Wenn der Tod tot ist, der größte Feind des Menschen, gibt es keine hoffnungslosen Fälle. Weil das Grab von Jesus Christus leer ist, gibt es keine begrabenen Hoffnungen. Wäre Jesus nicht auferstanden, gäbe es keinerlei Hoffnung über den Gräbern dieser Welt, und der Tod hätte das letzte Wort. Das will ich nicht glauben. Das muss ich auch nicht, und das ist gut so.

Dr. med. Google und die Todesangst

Smartphones, Computer, Internet – auch die Medizin ist digital zu haben. Als ich am Hals einen dicken Lymphknoten spürte und im Gaumenbereich eine Schwellung zu fühlen war, setzte ich zunächst die Internet-Suchmaschine Google in Gang. Ich gab die entsprechenden Stichworte ein und landete auf diversen Gesundheits-, Arzt- und Diagnose-Seiten und in Selbsthilfe-Foren. Immer tiefer drang »Dr. med. Digital-Hahne« in die Materie ein, wurde hierhin verlinkt und dorthin weitergeleitet – bis nach einer halben Stunde feststand: Ich habe nicht mehr lange zu leben. Die Symptome scheinen eindeutig, die Diagnose der reinste Horror. Ein echter Schock.

Glücklicherweise habe ich – im Gegensatz zu vielen Mitmenschen – keine Angst vor dem Arzt und erst recht nicht um mein Leben. Da der Hals-Nasen-Ohren-Arzt um die Ecke wohnt, suchte ich ihn mitsamt meiner eigen-recherchierten Internet-Diagnose auf. Der lachte nur, setzte zur Sicherheit sein Röntgengerät in Gang, machte im Gaumen einen

Schnitt, förderte ein kleines weißes Kügelchen zutage, was sich dort gebildet hatte – und ich freue mich seitdem wieder meines Lebens.

Ich hab's dann bei »Dr. Google« noch mal mit erfundenen Symptomen versucht und heftig geklickt und gesucht – der reinste Horror, je weiter man in seiner Laien-Diagnose kam. Zwei Drittel aller Deutschen schauen zunächst im Internet nach, wenn Symptome auf Krankheit deuten. Doch wer seine Beschwerden bei »Dr. Google & Co.« eingibt, bekommt meist einen Schrecken, der bis zu Todesangst führen kann – und zu der Angst, vorsichtshalber keinen Arzt aufzusuchen, der das auch noch bestätigen könnte. Ein ähnliches Phänomen beobachten Psychologen bei diesen schwachsinnigen Horoskopen. Die Leute steigern sich da so hinein, dass sie schließlich zu spüren glauben, was ihnen dort (vorher-)gesagt wird. Die virtuelle und reale Welt verschwimmen und verdichten sich zu einer echten Phobie. So kommen die Internet-Doktor-Opfer mit fertiger Diagnose zum Arzt und sind empört, wenn der eine eigene und dann auch noch andere Diagnose stellen will als der gegoogelte »Morbus Digitalis«.

Viele trauen sich nach der Internet-Diagnose auch nicht zum Arzt und versuchen es mit »Selbstmedikation«, indem sie irgendwelche Tabletten schlucken, die sie noch zu Hause haben. Sie verstricken sich immer tiefer in entsprechende Foren des Internets und starten eine Selbsttherapie, die dramatische Risiken und Nebenwirkungen in sich bergen kann. Wer zum Beispiel ein Kratzen im Hals oder Symptome einer Grippe eingibt, landet schnell bei Mönchspfeffer, Wärme,

Entspannungsübungen, Nachtkerzenöl, Johanniskraut, homöopathischen Mitteln oder chemischen Hämmern, diversen Säften und Suppen und chinesischen Kräutern.

Am besten: Finger weg! Lieber zum Arzt des Vertrauens gehen, statt der Digital-Diagnose zu vertrauen, von der man gar nicht weiß, wer die Daten überhaupt ins Internet gestellt hat. Dennoch: Bei Beschwerden fragen Sie Google – nach Adresse und Telefonnummer eines realen Arztes!

Himbeer-Tee im Bundesgerichtshof

Was eigentlich dem normalen Menschenverstand entspricht, dafür bedurfte es eines allerhöchsten Richterspruchs: Wo Himbeeren drauf sind, müssen auch Himbeeren drin sein, so entschied der Bundesgerichtshof in Karlsruhe. Verbraucherschützer hatten eine Teefirma wegen Irreführung der Kunden verklagt. Der konkrete Gegenstand der Empörung: Auf der knallroten Verpackung waren neben einem beliebten Kinderbuch-Hasen auf seinem Skateboard große Himbeeren und Vanilleblüten abgebildet mit dem Hinweis, dass in diesem Tee »nur natürliche Zutaten« enthalten sind. Entweder die Werbexperten hatten bei der Kreation einen im Tee, oder es ist bewusster Etikettenschwindel. Denn in dem Tee war nicht mal ein Hauch von Himbeere und Vanille.

Dreist die Verteidigung: Auf der Verpackung hätte doch eine korrekte Zutatenliste gestanden, aus der eindeutig hervorgegangen ist, dass weder Himbeeren noch Vanille enthalten sind. Ja, für wie blöd soll der Verbraucher denn gehalten werden?! Es ist doch völlig klar, dass ein Bild der Früchte plus Zusatz, alles sei natürlich, beim Käufer den Eindruck erweckt (und wahrscheinlich auch erwecken soll!), dass der Tee aus den abgebildeten Naturprodukten besteht.

Und wer liest schon die Zutatenliste, für die man meist eine Lupe braucht, weil eine Lesebrille nicht reicht. Ich frage mich bei vielen Lebensmitteln, warum die gleiche Technik wie bei Bank- oder Versicherungsverträgen angewandt wird: Das Wichtigste steht im Kleingedruckten. Warum wird einem die Freude am Einkaufen genommen, weil man dauernd misstrauisch sein muss, betrogen und belogen zu werden. Auf lange Sicht währt ehrlich am längsten, weil auch beim Einkauf die Volksweisheit gilt: Wer einmal lügt, dem glaubt man nicht ... Ganz schlimm ist es bei den Verpackungsgrößen. Da wird der Eindruck erweckt, man bekäme viel für sein Geld. Im Endeffekt hat man viel Luft gekauft.

Was für Tee und Lebensmittel gilt, sollte genereller Standard sein: Was draufsteht, sollte drin sein. Wenn Zeitungen sich im Titel stolz und selbstbewusst »unabhängig« nennen, dann erwarte ich das auch. Wenn ein Blatt unter christlich oder kirchlich firmiert, dann will ich keinen Abklatsch von *Bäckerblume* oder *Apothekenumschau*.

Etikettenschwindel ist letztlich Entmündigung, weil das Volk für dumm verkauft wird in der Annahme, es merkt schon keiner.

Wer mehr leistet,
der soll mehr verdienen

Was ist gerecht? Diese Frage dürfte so alt sein wie die Menschheit. An ihr entzünden sich Revolutionen, von ihr leben Ideologen bis heute. Die einfachste Antwort ist die Forderung nach total gleichem Lohn für alle. Zu Recht wird ja kritisiert, dass Top-Manager am Tag mehr verdienen als eine Krankenschwester im Jahr.

Umso mehr hat mich das Ergebnis einer Allensbach-Umfrage erstaunt. Da in Deutschland die Schere zwischen Spitzen- und Niedrigeinkommen immer weiter auseinanderklafft, beklagen zwei Drittel der Befragten eine Gerechtigkeitslücke. Doch sie rufen nicht »zur Revolution« auf – im Gegenteil: Was wir »Verteilungsgerechtigkeit« nennen, hat keinen Vorrang. Die meisten wollen lieber mehr Chancen- und Leistungsgerechtigkeit, dass also jeder vom Lohn seiner Arbeit leben kann und alle die gleichen Bildungschancen haben. Die große Mehrheit findet es okay, dass der, der mehr leistet, auch mehr verdienen soll.

Plumpe Propaganda nach simpler Gleichmacherei kommt also bei den Deutschen gar nicht gut an. Was jedoch nicht heißt, dass es egal ist, wer was verdient. Die Gehälter müssen, so der Kern der Allensbach-Studie, nur im Rahmen bleiben, um als gerecht empfunden zu werden. »Das Ausmaß der heutigen Lohnspreizung« empfinden viele Befragte als zum Himmel schreiendes Unrecht. Dagegen müsse die Politik etwas tun.

Die Verantwortung, diese Toleranz nicht durch übertriebene Gehälter zu zerstören, liegt also bei der besser verdienenden Elite. Wer die Schere zwischen Arm und Reich weiter auseinandergehen lässt, anstatt dabei zu helfen, sie zu schließen, zerstört das Vertrauen der Bevölkerung in die soziale Gerechtigkeit. Er sät Unzufriedenheit und erntet Wut.

Die Studie beweist, dass die Deutschen vernünftiger und zufriedener sind, als viele vermuten. Doch wer das ausnutzt, um sich die Taschen noch voller zu stopfen, spielt mit dem Feuer.

Eine Schnapsleichen-Show, die alle Betroffenen verhöhnt

Hier stimmt des Wortes doppelte Bedeutung: Das ist Unter-Haltung, Fernsehen zum Wegsehen, eine TV-Perversion aus der untersten Schublade. Man muss nicht prüde und altmodisch sein, um die erste Ausgabe des RTL-Formats *Das Jenke-Experiment* einfach nur abstoßend zu finden. Wenn der Kollege Jenke von Wilmsdorff in den Folgesendungen in die Rolle eines Armen oder Alten schlüpft, mag das sinnvoll sein – und ist nichts Neues. Was er sich jedoch zum Start dieser Serie einfallen ließ, hat mit verantwortlichem Journalismus nichts zu tun.

Das »Experiment«, sich vier Wochen lang täglich bis zur Besinnungslosigkeit zu besaufen, um zu testen, »ob und wie sich meine Gesundheit durch exzessiven Alkoholkonsum verändert«, ist ein Schlag ins Gesicht für alle, die sich ernsthaft um diese Volkskrankheit mühen. Hat niemand an die

Angehörigen gedacht, die von ihren Alkoholiker-Eltern traumatisiert sind? An die Frauen und Kinder von trinkenden und schlagenden Vätern? An die verzweifelten Versuche, durch Therapien vom Alkohol loszukommen?

ARD und ZDF bieten Themenabende zu Krebs, Alkoholismus oder Tod, an denen nach Spielfilm und Reportage in einem Talk mit Experten und Betroffenen diskutiert wird. Das bringt erfahrungsgemäß wenig Quote, ist aber Qualität und dient der Aufklärung. Diese Schnapsleichen-Show ist TV-Trash für Voyeure und hat mit dem vorgeblichen Ziel, abschreckend zu wirken, nichts zu tun.

Beim *Jenke-Experiment* frage ich mich, wo das enden soll: mit einem Drogenversuch oder den effektivsten Suizid-Methoden?

Sigmund Freud, alles andere als lebensfeindlich und konservativ, hat recht: »Der Verlust der Scham ist der Beginn von Schwachsinn.«

Wer übernimmt in unserem Land noch die Verantwortung für die eigenen Fehler?

Auch der vierte Versuch, den Berliner Blamage-Flughafen BER zu eröffnen, ist kläglich gescheitert, und man darf gespannt sein, wie es weitergeht.

Sicher ist nur eins: Alle Welt lacht sich schlapp über diesen Dilettantismus »Made in Germany«, ein Milliardengrab, das unfähige Politiker, Manager und Bauexperten in den Brandenburger Sand gesetzt haben.

Geschätzte 1,2 Milliarden Euro Mehrkosten zahlt der

Steuerbürger, der nun überhaupt keine Schuld an dieser gigantischen Hightech-Pleite trägt. Kein Populismus, sondern die schiere Wahrheit: Schuld sind diesmal wirklich andere, doch die schweigen.

Schweigen, wegducken, abtauchen scheint inzwischen Methode in Deutschland geworden zu sein, nachdem wir uns von einer der wichtigsten Tugenden verabschiedet haben: Verantwortung.

Beim Schreiben dieser Kolumne beobachte ich, wie vor meinem Fenster ein Pkw ein Verkehrsschild umfährt. Der Fahrer steigt noch nicht einmal aus, es wird sich schon jemand finden, der das demolierte Schild wieder aufstellt oder ein neues bezahlt.

Die große Welt der Konzerne bietet für solche mangelnde Verantwortung jede Rechtfertigung. Je unfähiger sich ein Manager erweist, desto eher wird er mit goldenem Handschlag aus seinem Vertrag entlassen. Die Flucht aus der Pflicht wird belohnt statt bestraft; verkehrte Welt. Verantwortung bedeutet laut Duden die »Verpflichtung, für Geschehenes einzustehen«, also die Folgen seines Handelns zu tragen.

Dass der Regierungschef von Berlin samt Bundesregierung dennoch weiter die BER-Bauaufsicht führen und so tun, als hätten sie mit der Pleite nichts zu tun, das ist dreist.

Was soll ich mich also über das umgeknickte Verkehrsschild aufregen? Auch dessen Reparatur wird von Steuergeld bezahlt, weil der wahre Verursacher nicht zu seiner Verantwortung steht. Moral »Made in Germany«!

Muss man gegen Barbies Welt
wirklich Krieg führen?

Pöbeleien gegen eine pinkfarbene Puppenwelt – es gibt nichts, wogegen in Berlin nicht demonstriert wird. Diesmal hat sich ein spaßbefreit-spießiges Komplott aus empörten Grünen, erregten Femen-Aktivistinnen und einem Internet-Flashmob namens Pinkstinks das Barbie-Haus am Alexanderplatz zum Ziel erkoren.

Selbst die Lehrergewerkschaft GEW ist sich nicht zu schade für diesen primitiven Protest, richtet der sich doch angeblich gegen ein Rollenbild, das Frauen »auf Schönheit und Schlankheit reduziert«.

Die Demo gegen Barbies Lebenswelt pervertierte sogar zum Kreuzzug: Eine der Femen-Aktivistinnen reckte bei der Eröffnung ein brennendes Kreuz gen Himmel, an das eine Barbie-Puppe angenagelt war. Auf ihrem entblößten Oberkörper stand die Parole »Life in plastic is not fantastic.« Als käme irgendjemand auf die Idee, ein Leben in Plastik fantastisch zu finden.

Nur spielen halt die gut 20 Jahre jüngeren und fröhlichen Geschlechtsgenossinnen dieser Steinzeit-Feministinnen gern mit Barbie und Ken und werden dadurch für ihr Restleben nicht zwingend verdorben. Natürlich kann man Barbie doof, kitschig und kommerzialisiert finden. Doch wie borniert und verbohrt muss man sein, um allen Ernstes zu glauben, dass eine dürre Plastikpuppe auf ein Kind mehr Einfluss haben kann als Eltern, Geschwister, Freunde, Tagesmütter oder

Lehrer? Millionen Mädchen – und manchmal auch Jungs – macht die Barbie-Welt in einem bestimmten Lebensalter einfach Spaß, bevor sie dann vielleicht für Angelina Jolie oder die Piraten-Geschäftsführerin schwärmen.

Dagegen einen Kreuzzug organisieren und eine Sexismusdebatte inszenieren? Herr, schick Hirn! Oder, passend zu Pfingsten: Ein Schuss Heiliger Geist könnte den Krawall-Trinen, für die pinkfarbene Mädchenträume per se politisch unkorrekt sind, nicht schaden.

Falscher Eltern-Ehrgeiz schadet dem Kindeswohl

Soll ein Kind mit Downsyndrom aufs Gymnasium? Die Lehrer einer badischen Schule sagten Nein. Auch die Realschule wollte den elfjährigen Henri nicht aufnehmen. Nun gehen seine Eltern auf die Barrikaden, sprechen von »Diskriminierung«. Der Lehrerverband argumentiert, der Elternwunsch dürfe nicht vor dem Kindeswohl stehen. Schüler sollten individuell gefördert werden. Das geht für Henri in einer Sonderschule, doch nicht auf einem Gymnasium. Würde er dort eingeschult, täte man weder dem lobenswerten Ziel der »Inklusion« noch dem Jungen einen Gefallen. Ganz anders bei körperlich Behinderten. Schon öfter hatte ich Gäste in meiner Sendung, die contergan-geschädigt oder kleinwüchsig auf die Welt gekommen sind und dennoch Höchstleistungen vollbringen, Akademiker oder Spitzensportler sind. Sie erzählen von einer ganz anderen »Diskriminierung«: die buchstäblich lebensgefährliche Bedrohung durch Abtreibung. »Hätte es zu meiner Zeit schon die Präimplantations-diagnostik (PID) gegeben, ich wäre nicht auf der Welt«, sagen Menschen, die heute sportliche Vorbilder sind. Gott hat sich schon was dabei gedacht, jedes Kind als Geschenk anzunehmen und nicht nur die Wunsch- oder Designer-Kinder und die, die laut Schwangerschaftsuntersuchung »ohne Makel« sind. Das hatten wir in der unseligen jüngeren deutschen Geschichte alles schon mal! Eine Mutter sagte mir mal selbstbewusst: »Lieber unseren Daniel mit Downsyndrom als später ein Kind als Terrorist oder Abtreibungsarzt.« Denn niemand weiß doch, was aus »gesunden« Kindern einmal wird.

Körperlich Behinderte können geistig mithalten und gehören in eine reguläre Schule. Mir erzählte ein junger Mann, der heute ein Olympia-Gold nach dem anderen bei den »Paralympics« holt, dass er laut Lehrer in eine Sonderschule sollte, obwohl er als Kleinwüchsiger im Kopf völlig normal war. Hier lohnt jeder Streit um die Inklusion. Aber ein Kind mit Downsyndrom gehört nicht in eine normale Schule. Selbst Henris Mutter gibt zu, ihr Junge werde nie Abitur machen können. Nun werden die badischen Lehrer im Internet als behindertenfeindlich an den Pranger gestellt. Richtig ist das Gegenteil. Manche Eltern definieren sich über ihre Kinder und wollen es »denen da oben« zeigen. Deshalb wird prozessiert bis zum Geht nicht mehr, ohne daran zu denken, was für das Kind das Beste ist. Da sollte man den Lehrern lieber dankbar sein, die diesen elterlichen Wahnsinn stoppen wollen.

Das gilt auch für jene Eltern, die ihre Kinder für hochbegabt und die Lehrer für ignorant halten, wenn sie das nicht erkennen. Nicht jedes Kind, das bereits im Kindergarten Bücher verschlingt oder rechnen kann, ist gleich ein Wunderkind. Im Gegenteil: Diese Kinder tun mir leid, wenn sie von ihren Eltern so gedrillt werden, dass sie quasi ihre Kindheit verpassen. Mancher Grundschüler hat heute einen volleren Terminkalender als ein Manager: Neben der Schule muss das Kind natürlich zum Ballett, zum Reiten, zur Klavierstunde oder zum Handball. Diese Selbstverwirklichung von Eltern im eigenen Kind schreit zum Himmel!

Und wehe, das Kind ist behindert, und die Eltern drohen zu kurz zu kommen. Auch diese Eltern muss man bremsen, wenn man es gut mit den Kindern meint. Mir ist bewusst, dass Menschen mit Downsyndrom besondere Fähigkeiten und Spezialbegabungen haben. Ein mir bekanntes Mädchen kann hervorragend Geige spielen, das macht es aber noch lange nicht zu einem Wunderkind, das aufs Gymnasium gehört.

Falscher Eltern-Ehrgeiz hat schon manches Kind kaputt gemacht. Eine Großstadt wie Berlin ist voll von Menschen, die ihr Leben nicht in den Griff bekommen, weil ihre Eltern es einmal ach so gut mit ihnen meinten. Entmündigt die Kinder nicht, die oft besser wissen, was ihnen guttut.

Natürlich heißt Erziehung auch Kampf gegen Faulheit und Desinteresse. Doch Kinder wider besseres Wissen zu zwingen, das kann man einmal bitter bereuen. Ich kenne einen begeisterten Starkoch, der erst seines Lebens glücklich wurde, als seine Eltern einsahen, dass es auch jenseits von Abitur und Universitätsstudium wertvolle Menschen gibt.

Kitsch und Kommerz
statt Glauben und Hoffen

Frühling ist da! Diese Nachricht überbrachte mir ein Chor nicht etwa beim Liederabend eines Schützenvereins, auch nicht bei Carmen Nebels Volksmelodien; ich hörte den Gesang kürzlich in einem Gottesdienst.

Aber brauche ich für eine solche Allerwelts-Osterbotschaft eine christliche Kirche? Es klingt wie Realsatire, wenn zu den rund 100 Kirchen, die die EKD allein in den letzten vier Jahren wegen Mitgliederschwunds aufgab, ausgerechnet ein Gelsenkirchener Gebäude namens Auferstehungskirche gehört – und die ebenfalls verkaufte Jakobuskirche beherbergt nun ein Bestattungsinstitut.

Dass Ostern wegen der Auferstehung von Jesus Christus gefeiert wird, dass Karfreitag das Datum seiner Kreuzigung ist, wer weiß das heute noch? Die Werbung preist Osterlamm und Osterhasen an, ein tägliches TV-Magazin bot eine Oster-Reihe über Eier, Hasen und Frühlingssträuße; und die Moderatorin einer Nachrichtensendung stolperte beim Namen des Todesortes von Jesus und betonte »Golgatha«, als handelte es sich um eine Zahnpastamarke.

Woran liegt es, dass die kirchlichen Feste zu kommerziellem Kitsch verkommen sind?

Nach Weihnachten nun auch Ostern als Geschenkorgie, Christi Himmelfahrt wird Vatertag und als einzigen Heiligen feiert man noch St. Valentin, als sei er der Schutzpatron des Blumenhandels. Auch der uralte Reformationstag, Wendedatum der Weltkultur, ist dem Kürbisfest Halloween geopfert.

Christen und Kirche müssen wieder ihre wahre Ware ins Schaufenster legen, die Botschaft, die sie konkurrenzlos wichtig macht. Viele andere Themen können auch das Rote Kreuz, Parteien oder Gewerkschaften bedienen, doch dass es Hoffnung über den Tod hinaus gibt und so etwas wie »Freude in allem Leide« möglich ist, bietet allein der Glaube.

Davon will ich etwas hören, wenn ich eine Kirche betrete. Seid-nett-zueinander-Appelle finde ich besser im Internet, und dass Frühling da ist, signalisiert mir bald der Blick aus dem Fenster. Hoffentlich ...

Wir bauen Feiertagsbrücken, um der Arbeit aus dem Weg zu gehen

Wenn bei uns auch Brücken bröseln und der Verkehrsminister Milliarden in Reparaturen investieren muss, eine Brücke steht in Deutschland felsenfest: die Feiertagsbrücke.

Am Tag der Arbeit, auch einem dieser begehrten Brückentage, sollte man mal offen darüber reden. Ich werde den Eindruck nicht los, als seien wir trotz hoher Arbeitslosigkeit permanent damit beschäftigt, wie wir der Arbeit aus dem Weg gehen können. Und dazu helfen ebenjene Brücken, deren Bau in Deutschland Volkssport ist.

Gibt man im Internet »Brückentag« in die Suchmaschine ein, finden sich mehr als 800 000 Einträge. Die Überschriften dazu lauten »Geschickt planen, Jahresurlaub verdoppeln« oder »Brückentage clever nutzen«. Keine Zeitung, die nicht zu Jahresbeginn Tipps präsentiert, wie man mit wenig Aufwand viel Ferien machen kann.

Für 2013 hieß es fanfarenmäßig: »Ein geniales Jahr für Arbeitnehmer, alle bundesweiten Feiertage fallen auf einen Wochentag!« Wer jeden Brückentag nach dem 1. Mai, Christi Himmelfahrt oder dem 3. Oktober geschickt nutzt, kann mit 30 Urlaubstagen doppelt so viele Tage frei machen. Besonders anregend für die Ferienfantasie: die Weihnachtszeit. Brückenbau-Profis nehmen mit nur fünf Urlaubstagen 16 Tage frei.

Ich beschwöre ja nicht den Untergang des Abendlandes und der deutschen Tugenden, die noch immer in vielen Ländern für Fleiß und Pflichtgefühl stehen. Aber irgendwas ist doch faul im Staate, wenn Deutschland emsig Vaterland sich als Etikettenschwindel erweist.

Wenn Millionen darunter leiden, keine Jobs zu haben, ist es zynisch, dass sich die Arbeitsplatz-Besitzenden dauernd damit beschäftigen, wie sie mit wenig Aufwand möglichst viel Freizeit rausholen können.

Urlaub ist jedem zu gönnen. Auch der Tag der Arbeit, der in Wahrheit ein Tag zum Faulenzen ist. Nur darf das Vergnügen nie Vorfahrt vor Verantwortung und Verpflichtung haben. Die Freizeit soll die Arbeit unterbrechen, nicht die Arbeit die Freizeit.

Aus dem Muttertag darf kein »Elterntag« werden!

Was könnte das doch für ein schöner Tag sein: Die Bäckereien bieten Kuchen in Herzform an, die Floristen präsentieren

Blütenpracht, und auf den Straßen sieht man junge und alte Kinder mit Geschenken auf dem Weg nach Hause. Es ist Muttertag.

Doch so sicher wie der Kälteeinbruch zu den Eisheiligen wetteifert die Blumen-Konjunktur mit der der Bedenkenträger. Miesepeter und Meckerfritzen liefern uns in den Medien die übliche Häme über Mutti-Gedichte und Alibi-Rituale.

Haben nicht die Nazis diesen Tag erfunden oder zumindest die Blumenindustrie? Passt dieses antiquierte Mutterbild überhaupt noch in unsere Zeit? Kein Argument, das es nicht wert wäre, gegen den Muttertag in Stellung gebracht zu werden.

Den neuesten Knüller, uns den Muttertag, der partout nicht aus unseren Kalendern und Herzen weichen will, madig zu machen, liefert eine protestantische Pröpstin. Sie plädiert dafür, den Tag einfach in »Elterntag« umzubenennen.

Logisch, wir Deutschen nennen ja zum Beispiel die Putzfrau auch Reinigungskraft. Nur für die Schrauben-Mutter ist uns noch kein neuer Name eingefallen.

Hübsch politisch korrekt soll es zugehen, nicht zuletzt an so einem schönen Maien-Feiertag. Also Eltern statt Mutter, das werde dem heutigen Rollenverständnis in einer Partnerschaft besser gerecht, meint Frau Pröpstin.

Ja, geht's noch? Sollten wir nicht gleich in einem Abwasch Weihnachten in Krippentag umbenennen?

Apropos Abwasch: Natürlich weiß auch ich, dass jeder Tag »Muttertag« sein müsste und dass Männer und Kinder ihr Haushaltsengagement und ihre Dankbarkeit nicht auf dieses eine Datum beschränken dürfen.

Solche Sprüche kenne ich, aber auch diese jüdische Weisheit: »Weil Gott nicht überall gleichzeitig sein kann, schuf er die Mutter.« Gott sei Dank!

Menschen, Tiere, Perversionen

Im Hochsommer 2015 erlebte die Amerikanerin Rachel Jackson einen weltweiten Shitstorm, der sich gewaschen hat. Ein gigantischer Internet-Tsunami traf die 30-Jährige, weil sie es gewagt hatte, die Frage nach dem Wert des Lebens zu stellen. Gerade war der Kult-Löwe Cecil des Hwange Nationalparks in Zimbabwe von einem US-Zahnarzt auf dessen Jagdsafari erschossen worden. Weltweite Empörung war die Folge, ein Personality-Eintrag bei Wikipedia mit Geburts- und Todestag des Tieres, eine Erinnerungsseite auf Facebook mit Millionen von Einträgen rund um den Globus. Es herrschte nicht Staats-, sondern Welttrauer. Rachel Jackson postete daraufhin das Foto eines hungernden Kindes, zusammengekauert in der afrikanischen Steppe, im Hintergrund sitzt ein Geier, aufgenommen bei der Hungersnot im Sudan. Daneben der Text: »Es ist seltsam, dass sich die Massen über Tiere aufregen, aber sterbende Babys ihnen egal sind.«

Die Reaktionen in den »sozialen Medien«, die für mich wegen ihrer permanenten und perversen Hetzkampagnen besser »asoziale Medien« heißen müssten, gingen bis zu Morddrohungen und einer unvorstellbaren Fäkalsprache. Nicht anders erging es dem Zahnarzt: »Für so eine Spezies Mensch sollte man die Todesstrafe wieder einführen«, meinte einer im Internetforum. Oder: »Du mieses dreckiges Schwein, dir wünsche ich ein kurzes Leben.« Der Todesschütze wurde derart an den digitalen Pranger gestellt, dass er mit seiner Frau untertauchen musste.

Beim US-Fernsehsender CNN hatte es nach dem gewaltsamen Tod des Löwen im fernen Zimbabwe »Breaking News« gegeben. Dass in Afrika täglich Tausende Kinder jämmerlich verhungern und 232 Millionen Menschen laut Welthungerhilfe nicht einmal das Nötigste zu essen haben, juckt kaum jemand. Klar, ein paar Spenden – aber weder eine Unterbrechung des TV-Programms noch Kondolenzlisten bei Facebook. »Täglich werden wir mit so vielen Schreckensmeldungen bombardiert, dass wir keinen zuverlässigen Maßstab mehr haben, was wirklich schlimm ist«, meint die Philosophin und Moralexpertin Rebekka Reinhard. An hungernde Kinder in Afrika seien wir gewöhnt. Beim Löwen Cecil sind Gut und Böse für jeden erkennbar deutlich, es ist geradezu »eine willkommene Abwechslung in unserer hochkomplexen Welt«.

Man kann es auch mit Klartext sagen: Uns ist jede Form von Ethik und Moral abhandengekommen, jeder Maßstab für das wirklich Gute und Böse. Wir vergötzen Tiere bis hin zu Luxusbegräbnissen und schalten im Fernseher um, wenn die Nahsicht auf das Elend hungernder oder misshandelter Kinder gelenkt wird. Es wird völlig zu Recht in Deutschland ein Schlachtverbot für trächtige Kühe gefordert, weil die ungeborenen Kälbchen dabei qualvoll ersticken, ein Prozess von zwanzig Minuten. Aber ich finde es pervers, dass nicht genauso konsequent bei (Spät-)Abtreibungen gehandelt wird. Der stumme Schrei der ungeborenen Kinder darf uns doch nicht kaltlassen! Eine radikal-feministische Femen-Aktivistin aus Brasilien hat zur Jahreswende 2015/16 eine spektakuläre »Bekehrung« in dieser Frage erlebt, die Meldung der Evangelischen Nachrichtenagentur IDEA stand in vielen Zeitungen. Sara Fernanda Giromin hatte sich Anfang 2014 halb nackt an ein Kreuz binden lassen, eine Dornenkrone auf dem Kopf, um vor der Marienkirche von Rio de Janeiro für die Legalisierung der Abtreibung zu demonstrieren. Nun bittet sie die Christen um Vergebung, weil die Abtreibung ihres eigenen Kindes, wozu Femen-Freundinnen sie gedrängt hatten, »ein Loch in meinem Herzen ist, was ich heute zutiefst bereue«. Die im Shitstorm verzweifelte Rachel Jackson tickerte resigniert ins Internet: »Können wir uns wenigstens darauf einigen, dass es besser gewesen wäre, der Zahnarzt hätte sein Safari-Geld für hungernde Kinder ausgegeben?!« Das Lebensrecht gilt für Tiere *und* Menschen. Wer sich für Tierschutz einsetzt und keinen Blick für ungeborene oder (ver-)hungernde Kinder oder pflegebedürftige Alte hat, bei dem stimmt irgendetwas nicht. Unsere Kühlschrank-Gesellschaft droht Maß und Mitte zu verlieren.

So kleinlaut habe ich die Amerikaner noch nie erlebt

»Das ist ein echter Hammer!« Diesen Ausruf einer Moderatorin des US-Fernsehsenders CNN zum Super-Coup des Grünen-Bundestagsabgeordneten Christian Ströbele hörte ich in einem Hotel in Kalifornien.

Der alte Fuchs hatte bei seinem Blitzbesuch in Moskau von dem Ex-Agenten Edward Snowden erfahren, dass er bereit sei, vor einem Ausschuss des Bundestages auszusagen. Wirklich ein Hammer, denn sehr viele Amerikaner fürchten die Offenlegung der Aktivitäten ihrer Geheimdienste. Für sie ist der nach Russland geflüchtete Snowden kein Held, dafür bangen sie viel zu sehr um ihre Sicherheit. Das Terrordrama vom 11. September 2001 ist immer noch allgegenwärtig zwischen New York und Los Angeles, ebenso wie in diesen Tagen Deutschland und seine Kanzlerin.

Gleich nach meiner Landung in Kalifornien hörte ich als Erstes im US-TV fränkische Töne: Bundesinnenminister Friedrich forderte Aufklärung über die Abhöraktion gegen Kanzlerin Merkel. Gezeigt wurde dabei groß die Titelseite von *Bild am Sonntag* mit der Schlagzeile »Handygate«.

Während für US-Medien Europa sonst weiter entfernt scheint als der Mars, sind derzeit die Blätter voller Merkel-Fotos und NSA-Meldungen. Wie empfindlich die Amerikaner in ihrem Stolz getroffen sind, merke ich in jedem Gespräch, ob mit Kellnern, Verkäuferinnen oder Stanford-Professoren. Hilflos müssen sie mitansehen, wie die US-Botschafter in Berlin oder Madrid zum Rapport »einbestellt« werden. Dass Amerikaner sich rechtfertigen müssen, empfinden sie als Schmach für den einstigen Weltpolizisten und Befreier.

Obamas Beliebtheit ist im Keller, sowohl im links-alternativen San Francisco wie im konservativen Carmel-by-the-Sea, wo Clint Eastwood Bürgermeister war und Doris Day ihren Lebensabend verbringt. Mit wem auch immer ich hier rede: Scham statt Stolz. Und ein »Sorry!« für das, was Obamas Geheimdienst unserer Kanzlerin angetan hat. So kleinlaut habe ich die Amerikaner noch nie erlebt.

Wie viel Revolution steckt wirklich unter der weißen Kutte von Papst Franziskus?

Der Papst hat ein Interview gegeben. Na und? Als Protestant habe ich ohnehin Probleme mit dem Papsttum. Doch da mir die Einfalt in der Vielstimmigkeit von Luthers Leuten oft auf den Wecker geht, beneide ich die Katholiken. Dieser Pontifex macht seinem Namen alle Ehre, er ist ein Brückenbauer zu den Menschen, ein begnadeter Kommunikator. Weniger der Inhalt als der Stil des Gesprächs von Papst Franziskus mit Zeitschriften seines Jesuitenordens machen es zu etwas Besonderem, das weltweit diskutiert wird.

Beschrieben wird er als unscheinbar gekleideter Seelsorger, sein Arbeitszimmer sei »einfach, ja karg und sehr schlicht«. Er bekennt, ihm falle es immer noch schwer, vor großen Massen zu sprechen, und er halte deshalb stets Blickkontakt zu einzelnen Menschen. Auf die Frage, wer er sei, antwortet der Papst: »Ein Sünder – und das ist keine Redensart.«

Wenn nun kommentiert wird, sein »Mitgefühl« für Homosexuelle, geschiedene Wiederverheiratete und Frauen, die abgetrieben haben, sei etwas Neues, gar Revolutionäres, der verkennt, dass Franziskus keinen Millimeter von der katholischen Lehre abweicht. Sicher, er will mehr Anerkennung für Frauen in der Kirche, fürchtet sich aber vor einer »Männlichkeit im Rock«, weil Frauen eben eine andere Struktur hätten als Männer.

Dennoch horcht man auf: »Der Beichtstuhl ist kein Folterinstrument, die Kirche muss Wunden heilen und Herzen wärmen. Der Vatikan ist keine Zensurbehörde und missionarische Verkündigung mehr als eine Moralinstanz.«

Das Revolutionäre am neuen Papst mit seiner alten Lehre ist der Ton. Er sieht die Theologie im Dienste der Menschen, die befreiende Botschaft des Evangeliums hat für ihn Vorfahrt vor dem verdammenden Gesetz.

Franziskus' neue Sprache und neuer Stil sind noch keine neue Lehre. Doch man spürt ein bisschen Frühlingsluft, wobei man den Morgen bekanntlich nicht vor dem Abend loben soll. Der Papst versteht es, die Jesuitenregel klug umzusetzen: hart in der Sache, verbindlich in der Methode. Aber es ist viel wert, in der weißen Kutte einen normalen Menschen und keine kalte Instanz zu spüren.

Der Kippen-Kampf von Paris

Ausgerechnet Paris! Chapeau, kann ich da nur sagen! Hut ab vor den Franzosen, denen ich das am allerwenigsten zugetraut hätte. Singapur und New York lassen grüßen. Als ich zum ersten Mal in Singapur war, wunderte ich mich über diese blitzsaubere Stadt. Die Millionen-Metropole war wie aus dem Ei gepellt. Nirgends Müll auf den Straßen, keine Hundehaufen auf den Bürgersteigen, keine Graffiti an den Wänden. Ein richtig angenehmes Gefühl, durch eine solche Stadt zu wandern. Ganz anders bei uns, wo manche Straßen so aussehen, als hausten hier Vandalen. Überall Abfallbehälter, doch niemand schert sich darum, jeder lässt einfach zu Boden fallen, was er gerade loswerden will: Zigarettenkippen, Bonbonpapier, Taschentücher ... Und an Bushaltestellen und in Parks türmen sich Flaschen und Dosen. Als ich eine ältere Dame aufforderte, diesen ekligen Haufen wegzumachen, den ihr frisch frisierter Pudel gerade auf den Bürgersteig gesetzt hatte, musste ich mir doch tatsächlich anhören, ich hätte wohl was gegen Tiere – und im Übrigen bezahle sie Steuern für den Hund. Wie bekloppt ist das denn?!

Dem schiebt Paris jetzt einen Riegel vor. Künftig wird jede Verschmutzung und Verschandelung von öffentlichem Eigentum, ähnlich wie in Singapur, hart bestraft. Kostenpunkt 68 Euro für die kleinen Frevel des Alltags, ob für einen weggeworfenen Zigarettenstummel oder die hündischen Tretminen auf dem Trottoir. Der Betrag tut richtig weh, ist aber für die Stadtverwaltung wohl der einzige Weg, die Müll-Bürger zur Räson zu bringen. Wo Mini-Strafen und Ermahnungen nichts nützen, hilft nur der eiserne Besen, da muss eben die Kassen-Keule her. Im Laufe weniger Wochen hat sich das Bild der Straßen und Plätze schlagartig verändert. Und selbst Kritiker stellen fest: Es lebt sich doch viel schöner in einer sauberen Stadt. Und wenn zum Wohlfühleffekt noch eine volle Bußgeldkasse kommt, dann sollten deutsche Städte dem Vorbild folgen und den Kampf gegen Kippen und anderen Unrat entschlossen aufnehmen. Vive la France!

Schulen sind kein Schlaraffenland

Es ist so sicher wie das Amen in der Kirche: Nach jedem Regierungswechsel in einem Bundesland wird als Erstes die Schulpolitik umgekrempelt; unsere Kinder haben nur für eine Legislaturperiode Planungssicherheit. So will die rotgrüne Koalition in Niedersachsen jetzt mittelfristig das Sitzenbleiben abschaffen. Ein Riesenwirbel unter Experten – und das sind wir in Sachen Schule ja alle.

Sitzenbleiben sei ein Relikt aus der pädagogischen Mottenkiste und fördere die soziale Stigmatisierung, so die Befürworter der Abschaffung.

Unsinn, kontern die Gegner, das sei pädagogischer Populismus, denn Scheitern gehöre zum Leben und Versäumtes nachzuholen sei keine Strafe. Auch ich frage mich, ob eine Wohlfühl-Schule mit Abschlussgarantie die Schüler wirklich zu mehr Leistung motiviert. Ich wäre ohne Druck früher den leichteren Weg gegangen.

Als ich mit einem erfolgreichen Journalisten über das Thema sprach, outete er sich zu meiner großen Überraschung als zweifacher Sitzenbleiber. Und von seiner Enkelin wusste er zu berichten, dass sie den Plan aus Hannover ironisch so kommentierte: »Cool, dann haben wir ein schönes Leben und können mehr Party machen!«

Faulenzen als Nebenwirkung der Pubertät ohne das Risiko von Konsequenzen, das wäre Schlaraffenland, aber keine Schule. »Mit dieser leistungsfeindlichen Einstellung enden wir im Mittelmaß«, kommentiert der Chef des Realschullehrerverbandes die Abschaffung von »Ehrenrunden«.

Es gibt genug Menschen, die es im Leben weit gebracht haben, obwohl sie mal hängen geblieben sind: Nobelpreisträger wie Albert Einstein oder Thomas Mann, Spitzenpolitiker wie Johannes Rau, Edmund Stoiber oder Peer Steinbrück, Moderatoren wie Thomas Gottschalk oder Harald Schmidt.

Im Schuljahr 2011/2012 blieben 170 000 Schüler, weniger als zwei Prozent, sitzen. Um dies zu verhindern, wäre es sinnvoller, die Ausbildung, Autorität und oft auch die Bezahlung der Lehrer zu stärken. Motivierte Lehrer sind besser für unsere Kinder als eine Kuschelpädagogik, die auf Noten verzichtet und Abschlüsse garantiert.

Der Fluch der Sucht nach dem Flug

Nachdem (endlich!) in Flugzeugen ein totales Rauchverbot eingeführt worden war, konnte man dieses Schauspiel immer wieder bewundern: Kaum war der Flieger gelandet und »die Anschnallzeichen über ihnen erloschen«, nestelten die Ersten nervös in ihren Taschen, um sich – erwartungsfroh zitternd – eine Zigarette hervorzukramen. Dieselbe parkte bis zum Verlassen des Flughafengebäudes zwischen den Lippen, weil drinnen das Rauchen nur in den zoo-ähnlichen Glaskästen erlaubt ist. Doch draußen gibt's dann kein Halten mehr, ganz gleich, ob das die Mitreisenden in der Taxi-Warteschlange stört oder nicht.

Heute kommt zur Zigarette ein zweites Suchtmittel: das

Smartphone. Noch während die Maschine zur Parkposition rollt, summt und bimmelt es im Flugzeug, als wäre Weihnachten, wo die Glocken das allerdings »süßer« tun ... Der Ulmer Psychiater Manfred Spitzer nennt das Smartphone das, was die Zigarette vor Jahren war, bevor man aus leidvoller Erfahrung den Genuss mit Warnhinweisen wie »Rauchen tötet!« dämpfte. Aber auch das allgegenwärtige Smartphone produziert Tote, so Spitzer. Es ist für zehn Prozent aller Unfälle verantwortlich, es löst Stress aus, erhöht den Blutdruck und das Risiko für Infektionen. Und das Gefühl, im Flugzeug ein bis zwei Stunden nicht erreichbar gewesen zu sein, macht viele regelrecht krank.

Besonders gefährdet sind laut Spitzer Kinder und Jugendliche, deren Gehirn noch im Wachsen ist, was durch Online-Aktivitäten von durchschnittlich 25 Stunden pro Woche massiv gestört wird. Nimmt man das Handy weg – wie es quasi zwangsweise im Flugzeug geschieht –, gäbe es ähnliche Auswirkungen wie bei Alkoholikern, denen man plötzlich die Flasche entzieht. In Deutschland sind bereits acht Prozent der Jugendlichen von »Cybersucht« betroffen, in Südkorea schon 25 Prozent. Junge Leute schauen täglich 150-mal aufs Handy, können sich schlechter konzentrieren als andere und Lerninhalte weniger im Gedächtnis behalten. Spitzer spricht sogar von »digitaler Demenz«. In Kinderhand, so der weltweit anerkannte Experte rigoros, gehören weder Fernsehen noch Smartphone, Laptop oder Playstation.

Doch auch hier ist es wie im wahren Leben: Kinder brauchen Vorbilder, und das sind nun mal wir Erwachsenen. Solange Mama oder Papa in jeder freien Minute chatten oder

»mal eben was im Internet nachgucken«, können wir vom Nachwuchs keine Askese erwarten. Da gilt es, Altes mit Neuem zu verbinden: digitales Fasten! Das Smartphone einfach mal ausgeschaltet liegen zu lassen, im Urlaub ganz drauf zu verzichten, um das zu genießen, was ohnehin schöner ist und glücklicher macht: das wahre Leben in der wirklichen Welt.

Wo der Amtsschimmel wiehert

Zwar kommt der Amtsbote heutzutage nicht mehr auf dem Schimmel geritten. Die Zustellung erfolgt oft schon in Sekundenschnelle mit einer Mail. Aber der sprichwörtliche Amtsschimmel wiehert heute noch, trotz aller Entbürokratisierungs-Versprechen. Manchmal tut es richtig weh, was Behörden sich einfallen lassen. Und man fragt sich, ob manche Leute dort entweder kein Herz oder keinen Verstand haben. Auf jeden Fall keine Beziehung zur Lebensrealität. So geschehen auch in Sachsen, wo ein Hartz-IV-Empfänger zeit seines Lebens dieselbe Mietwohnung hat. Nachdem der Besitzer nun überall neue Balkons anbaute, wurde einzig bei ihm keine Tür in die Wand gebrochen. Er hat also einen Balkon, den er nicht betreten kann. Begründung: Das Sozialamt zahlt nur die bisherige Miete, die 30 Euro Aufschlag für den Balkon bleibt es dem Besitzer schuldig. Folglich guckt der Mann in die Röhre, in diesem Fall aus dem Fenster, und nicht, wie die anderen Bewohner, vom Balkon in die Landschaft. Das ist Schilda und Loriot in einem, wenns nicht so traurig wäre.

Da fasst man sich doch an den Kopf! Klar, Sozialmissbrauch muss schärfstens bekämpft werden, weil es ein Vergehen am Allgemeinvermögen ist. Wer Hartz IV kassiert und nebenbei schwarzarbeitet, der gehört bestraft. Wer sich nicht wenigstens bemüht, eine neue Arbeit zu finden, dem gehört die staatliche »Stütze« entzogen. Oder dieser irre Lehrer, der wegen einer »Schüler-Phobie« krankgeschrieben wurde und es sich dann auf Steuerzahlers Kosten auf einer Nordseeinsel gut gehen ließ. Das alles ist hochgradig kriminell, auch wenn Gutachter noch so schlaue Begründungen der Legalität erfinden.

Doch im Fall Sachsen rauft man sich die Haare. Der Mann ist herzkrank, hat deshalb seinen Job verloren. Es geht um lächerliche 30 Euro, ein Kleckerbetrag bei den heutigen Summen, die der Staat zum Fenster (oder der Balkontür) hinauswirft. Kann man da nicht ein Auge zudrücken?

Es sind solche Fälle, die einen an den Behörden (ver-)zweifeln lassen. Das sind alles schwarze Schafe, die dem Ruf von Beamten, Lehrern oder Hartz-IV-Empfängern insgesamt schaden. Diese Sozialamtsmitarbeiter mit dem Fenster zum Balkon kommen mir vor wie die Leute vom Ordnungsamt, die im Sommer auf der Erde herumkriechen, um vor einem Lokal zu messen, ob die Tische auch nicht einen Zentimeter zu weit auf dem Bürgersteig stehen. Der Amtsschimmel wird noch lange wiehern, leider.

Von Feuerwaffen und flatternder Wäsche

Die Amis haben schon komische Gesetze. Bis in die 1970er-Jahre durften die Berliner im einst amerikanischen Sektor der Hauptstadt keine »Messer mit stehender Klinge« mit sich führen. Taschenmesser erlaubt, Küchenmesser verboten. Bis ein Beamter bemerkte, dass es US-Hoheit in Berlin gar nicht mehr gibt und das Gesetz in den Müll warf.

Hören wir nicht bei jedem Amoklauf aus den USA, dass dort sogar das Tragen gefährlicher Schusswaffen erlaubt ist?! Wird nicht immer wieder darum gerungen, ob man das nicht verbieten, zumindest aber einschränken soll? Dagegen ist doch so ein Küchenmesser harmlos. Dennoch nehmen die Amerikaner für sich in Anspruch, dass der Besitz und das Tragen von Feuerwaffen ein Zeichen der Freiheit ist. Und die setzt man nicht so einfach aufs Spiel, auch wenn die Zahl verrückter Amokläufer immer größer wird.

Keine Freiheit gibt es dagegen für das Aufhängen von Wäsche. Ich habe mich immer gewundert, warum im warmen Kalifornien, wo manche Leute schöne Gärten haben, nirgends Wäsche zum Trocknen draußen hängt. Von meiner Mutter weiß ich, wie sehr sie sich auf den Frühling freut, wenn endlich wieder frischer Wind die Wäsche trocknet. Die Amerikaner nehmen lieber ganzjährig den Wäschetrockner, ist ja auch bequemer. Ausgerechnet im Sonnenstaat Kalifornien sind Wäscheleinen verboten. Offiziell heißt es: »Sie widersprechen der Schönheit unserer Landschaft und zerstören das gute Bild davon.« Wie bekloppt! Es gibt berühmte Gemälde großer alter Meister, die als einzigen Gegenstand flatternde Wäsche im Meereswind haben.

Künftig werde ich allerdings die Wäsche auch am Pazifik flattern sehen, wenn ich wie jeden November für einige Wochen nach Kalifornien fliege. Der Gouverneur hat wohl eingesehen, dass Klimaschutz und Wäscheleinen-Verbot nicht so richtig zusammenpassen. Verbot aufgehoben, eine historische Tat. Also kann man nun getrost den stromfressenden Wäschetrockner ausrangieren und seine Sachen Sonne und Wind überlassen. Luftgetrocknetes ist allemal frischer – und ich gönne es den Kaliforniern, endlich in diesen Genuss kommen zu dürfen. Jetzt sollte man nur noch schleunigst das mit den Waffen regeln ...

Über den Tod der Frau, für die Schröder Kanzler wurde

Ihr 100. Geburtstag sollte ein großes Familienfest werden, doch der Tod war schneller. Wenigstens den 99. haben sie noch gemeinsam feiern können: Ex-Kanzler Gerhard Schröder und seine Mutter Erika Vosseler. Am 1. November 2012 starb sie in Paderborn, und in der Todesanzeige stand der liebevolle Satz: »Wir nannten sie Löwe, weil sie ein Leben lang für uns gekämpft hat!« Welch ein bewegendes Dokument der Dankbarkeit. Ja, Erika war Gerhards große Liebe.

In vielen Interviews habe ich erlebt, wie Schröder den großen Staatsschauspieler gab. Doch wenn es um seine Mutter ging, war er nur der dankbare Sohn, dann war alles echt an ihm. »Das Leben meiner Mutter war ein Kampf ums pure Überleben«, schreibt er in seinen Memoiren. Seine Jugend, das war Prekariat pur, ein extrem hartes Schicksal.

Seinen Vater hat Schröder nie gesehen. Er fiel 1944 im Krieg, wenige Wochen nach der Geburt seines Sohnes. Da ihr zweiter Ehemann an einer schweren Lungenkrankheit litt, musste Erika Vosseler die fünf Kinder allein großziehen. Sie tat es durch Putzen, manchmal 14 Stunden am Tag. »Nie habe ich sie klagen gehört«, schreibt Schröder, »sie gewann jeder Situation eine gute Seite ab.« Auch wenn mal wieder der Gerichtsvollzieher vor der Tür stand. Da habe er seiner Mutter versprochen: »Warte ab, Löwe, eines Tages hole ich dich im Mercedes ab.« Er hat Wort gehalten, auch wenn es ein Audi wurde.

Immer hat er zu seiner Mutter gestanden, sie nie versteckt, sich seiner Herkunft nicht geschämt. Wie viele es tun, obwohl sie es weniger weit als Schröder gebracht haben. »Genierlich war mir meine Herkunft nicht!« Darin war Schröder glaubwürdig. In einem Gespräch mit meinem Kollegen Helmut Böger bekannte er: »Wäre ich als Sohn eines Hamburger Pfeffersacks geboren, dann wäre ich wohl nicht in die Politik gegangen.« Doch niemals hat Schröder auf seinem Weg ins Kanzleramt seine Mutter instrumentalisiert oder mit ihr kokettiert. Da war er anders als viele Politiker, die ins Familienalbum greifen, wenn sie sonst nichts zu bieten haben.

Einmal, 1998, haben Mutter und Sohn ein Doppel-Interview gegeben, in *Bild am Sonntag*. Da sagte Erika Vosseler: »Ich bin sehr stolz auf meinen Gerd. Es tut mir leid, dass sein

Vater das nicht mehr miterleben konnte.« Und Gerd kann stolz sein auf seine Mutter, die ihm zwar materiell nichts bieten konnte, dafür das Wichtigste, was eine Mutter geben kann: Liebe.

Für ihren Grabstein wünschte sich Erika Vosseler die Inschrift: »Hier wohnt unser Löwe.« In der Bibel ist der Löwe das Symbol für Kraft und Mut. Kein Ehrentitel passt besser auf diese Frau, die, wie ihr Sohn oft sagte, für eine ganze Generation steht.

Die Armutsdiskussion in Deutschland ist reich an Heuchelei

Ob er denn arm sei, habe ich den älteren Herrn offen gefragt, den ich seit Wochen die Müllbehälter in meinem Kiez nach Leergut absuchen sehe. Nein, arm sei er nicht, aber seine Rente reiche nicht für große Sprünge, und das Flaschengeld spare er, um den Enkeln gelegentlich ein Geschenk machen zu können.

Ein sauber gekleideter Rentner, der im Wohlstandsmüll kramt und dabei nicht resigniert, sondern bilanziert: »Anderen auf der Welt geht es doch noch viel schlechter.«

Der heftig umstrittene Armutsbericht der Bundesregierung erweckt dagegen den Eindruck, als versänke ganz Deutschland in bitterer Not. »Jeder Siebte von Armut bedroht« oder »Ruhrgebiet Deutschlands neues Armenhaus« lauten die Schlagzeilen. Als müssten wir bald hungern und frieren. Denn genau das verbinden wir landläufig mit dem Wort Armut: Menschen, die ihre Kinder nicht kleiden, ihre

Mägen nicht füllen, ihre Wohnung nicht heizen und die Arztrechnung nicht bezahlen können.

Von solcher Armut (die immerhin 1,2 Milliarden Menschen auf der Erde betrifft!) sind wir aber weit entfernt. Haben wir denn jegliches Maß verloren, wenn der Paritätische Wohlfahrtsverband vor sozialen Unruhen warnt? Wohlgemerkt: in Deutschland! Rund 2,4 Prozent der Bundesbürger sind im klassischen Sinn arm, das sind eindeutig 2,4 Prozent zu viel. Vor allem, weil davon meist Kinder betroffen sind. Aber es ist doch Unsinn, dass jetzt auch Menschen, die 1500 Euro monatlich zur Verfügung haben, suggeriert wird, bald zum Prekariat zu gehören. Erst hat man die Rentner verrückt gemacht, nun erklärt man halb Deutschland für arm. Was für ein verantwortungsloser Populismus!

Wir leben in einem der reichsten Länder der Erde. Wir können uns ein Gesundheits- und Rentensystem leisten, um das uns alle Welt beneidet. Die oberen 10 Prozent der Gutverdiener zahlen mehr als 50 Prozent der Gesamtsteuern, auch das gehört zur Wahrheit. Wir haben die geringste Jugendarbeitslosigkeit und immer weniger Langzeitarbeitslose.

Jetzt sollten wir uns um die wirklich Armen unter uns kümmern, statt das ganze Volk mit einer neuen Neiddebatte zu überziehen. Armes Deutschland, das sich darin gefällt, sich vor den wirklich armen Nationen als besonders notleidend zu profilieren.

Die Wut der Ärzte ist gerechtfertigt.
Unsere Vorurteile sind es nicht

Nach den Flugbegleitern der Lufthansa jetzt also auch die Ärzte – ja, geht's denn noch? Patienten können sich auf Warteschlangen oder sogar auf geschlossene Praxen einstellen, denn die niedergelassenen Ärzte drohen mit Streik.

Dabei denkt man bei Medizinern doch zuallerletzt an Arbeitnehmer, die jeden Cent umdrehen müssen. Und trotzdem wollen die allen Ernstes für eine Erhöhung ihrer Honorarsätze kämpfen und Patienten aussperren?

Die ersten Reaktionen beim Einkaufen: Krank vor Wut geiferten Kunden um die Wette, und jeder hatte sein Vorurteil beizusteuern. Ärzte wissen doch nicht, wohin mit dem Geld, kassieren Praxisgebühr, lassen sich von der Pharmaindustrie mit Lustreisen bestechen und stehen ohnehin das ganze Wochenende auf dem Golfplatz.

Ja, geht's denn noch? Laut Statistischem Bundesamt verdient ein Kassenarzt durchschnittlich 5500 Euro netto im Monat, ein Hausarzt 5018 Euro. Das sind die Leute, die nach langem Studium und schlecht bezahlter Assistenz-Zeit rund um die Uhr da sind, Nacht- und Notdienste schieben und Hausbesuche machen. Viele müssen ihre Praxen schließen, weil für die Arbeit und das Geld keiner mehr Hausarzt werden will. Der Nachwuchs wandert nach Kanada, in die Schweiz oder nach Nordeuropa ab.

Die Idylle von der Praxis à la Bülowbogen, wo Landarzt Sommerfeld, dem die Frauen vertrauen, durch blühende

Rapsfelder sein Cabrio in aller Freundschaft Richtung Schwarzwaldklinik steuert, gibt es nur noch in den TV-Serien. Der Alltag: volle Wartezimmer, zeitraubende Bürokratie, steigende Personal- und Mietkosten, teure Geräte und Hausbesuche, deren Honorare kaum die Benzinkosten decken.

Ein 71-jähriger Brandenburger Landarzt sagte unlängst in meiner Sendung: »Wäre ich nicht Arzt aus Leidenschaft, hätte ich längst zugemacht. Aber ich kann meine Patienten doch nicht alleinlassen.« Solche Ärzte dienen unserer Gesellschaft, deshalb verdienen sie auch mehr als Vorurteile oder staatliche Knebel-Vorschriften. Wenn dieser Berufsstand vor die Hunde geht, ist das schlimmer, als wenn Flugzeuge mal am Boden bleiben.

Das Internet vergisst nichts

Verzweifelt kämpfen Prominente wie auch Otto und Erna Normalbürger darum, Verleumdungen und Rufschädigungen aus den »sozialen Netzwerken« zu löschen. Denn was sich wohlklingend als »sozial« verkauft und in den anderen Medien auch noch dauernd so bezeichnet wird, erweist sich immer mehr als asozial. Es gibt nichts, was der feige, weil anonyme Mob da nicht alles so loslässt. Und dann diese »Shitstorms«, diese Fäkal-Stürme billigster Hetze, die in Minuten Tausende »Like«-Klicks bekommen – natürlich auch das alles schön anonym.

Wo sind da eigentlich die Grünen und Linken, die doch einst das Vermummungsverbot bekämpften?

Das war ein laues Lüftchen gegenüber dem, was wir heute erleben!

Selbst wenn die Betreiber, die längst um die Nummer eins in der Welthoheit konkurrieren, als befänden sie sich im Dritten Weltkrieg, dauernd beteuern, Schmähungen würden erst gar nicht veröffentlicht: Sie schaffen ja noch nicht einmal das Löschen. Hilflos stehen wir vor dieser Macht eines Mediums, von dem Orwell oder Huntington in ihren dunklen Prophezeiungen noch nicht einmal zu träumen wagten. Wen »www« erst mal in seinen Klauen hat, der kommt nicht davon los.

Doch wie blöd muss man sein, mit diesem Wissen im Hinterkopf dem Netz weiterhin sein Allerprivatestes anzuvertrauen.

Da werden Spitzenpolitiker zu naiven Teenies, wenn sie ihre Lieblingslokale verraten, ihren letzten Kinobesuch twittern oder ihren Urlaubsort nennen. Aber wir haben ja die Polizei, die die Plapper-Politiker notfalls auf Steuerzahlers Kosten schützen kann. Es ist doch ein Witz, dass oft dieselben Parlamentarier, für die Datenschutz die neue Religion und Vorratsdatenspeicherung eine Todsünde sind, am meisten in diesen Netzwerken unterwegs sind. Solche Vorbilder kann man »in der Pfeife rauchen«.

Der Polizei in der westfälischen Kleinstadt Hagen ist es zu verdanken, dass es im Herbst 2015 wenigstens mal ein kurzes Innehalten gab. Die Beamten warnten dringend davor, Urlaubsfotos kleiner Kinder einfach ins Internet zu stellen, als sei es das Normalste von der Welt. Wer nicht normal tickt, für den seien vor allem Badefotos ein Eldorado perverser Lust.

Man solle auch bedenken, dass Kinder sich nicht wehren können und später mit diesen öffentlichen Bildern leben müssen. Traurig, dass solch eine Warnung überhaupt nötig ist.

Monate später bekamen die verantwortungsbewussten Polizeibeamten bereits recht: Ein dänischer Vater hat ein Foto bei Facebook hochgeladen, das ihn mit seiner zweijährigen Tochter nackt in der Badewanne zeigt. Das irre Internet geißelte ihn in einem gigantischen Shitstorm als Pädophilen. Blödsinn – doch schlimmer ist, dass solche privaten (!) Schnappschüsse Futter für entsprechende Leute sind. Das arme Kind kann sich nicht wehren! Elterliche Sorge ist ein Rechtsbegriff im abendländischen Europa und gehört in die Kategorie »Kinderrechte«. Das sollte sich schleunigst herumsprechen!

Sind wir Männer wirklich Waschlappen in der Krise?

Eine Wahlkampf-Episode, erlebt im August 2013:
In einem riesigen Bierzelt spricht das CSU-Urgestein Peter Gauweiler. Der örtliche Gastgeber bedankt sich artig, dass Gauweiler sogar am Feiertag Christi Himmelfahrt gekommen sei. »Es ist aber heute Mariä Himmelfahrt«, ruft Gauweiler dazwischen, worauf der Redner unter tosendem Gelächter anmerkt: »So weit ist es schon gekommen mit der Emanzipation.«

Es reicht mit der Emanzipation, das meinen 64 Prozent der Männer, für 28 Prozent geht die Gleichberechtigung der Frauen sogar zu weit. So die überraschenden Ergebnisse einer Allensbach-Umfrage, die die Kolleginnen von *Bild der Frau* in Auftrag gaben. Ist die traditionelle Männlichkeit in der Krise, oder haben es die Gender-Ideologinnen schlichtweg übertrieben? Mich erstaunt, dass 72 Prozent der 18- bis 34-jährigen Männer glauben, immer noch der Familienernährer sein zu müssen. Nix mit Rollentausch, mit Kochen und Kindererziehung!

Ich glaube nicht, dass diese Männer Angst vorm Waschlappen-Image haben und dies mit altem Macho-Gehabe kompensieren. Viele fühlen sich einfach überfordert, eine neue Rolle einzunehmen. Dabei sollte man ihnen helfen, statt Quoten zu verordnen.

Frauen werden zu Recht erst Ruhe geben, bis es eine Selbstverständlichkeit ist, dass sie genauso Chef werden können und für gleiche Arbeit gleichen Lohn bekommen wie Männer. Dabei sollten sie aber nicht vergessen: Der Supermann, der Job, Frau und Kinder ohne Murren unter einen Hut bekommt, muss erst noch erfunden und erzogen werden. Darin sind die Frauen eben doch das starke Geschlecht.

Ist der Ganove Mehmet ein Opfer?
Und verdient er unsere Gnade?

Erinnern Sie sich noch an Mehmet? So lautete das Pseudonym jenes Münchner Deutsch-Türken, der in den 1990er-Jahren die Republik in Atem und die Justiz zum Narren hielt. Mit 13 Jahren hatte er bereits mehr als 60 Straftaten auf dem Kerbholz, mit 14 überfiel er einen Mitschüler. Monatelang wurde darüber gestritten, ob man dem Jungen eine neue

Chance geben muss. Doch alle Formen moderner Resozialisierung halfen nichts. Die bayerischen Behörden schoben ihn schließlich in die Türkei ab.

Jetzt hat sich Mehmet unter seinem richtigen Namen Muhlis A. zurückgemeldet, und die Debatte beginnt von Neuem. Der inzwischen 28-Jährige hat durch seinen Anwalt ein »Gnadengesuch« an Bundespräsident Joachim Gauck gerichtet und sich darüber beschwert, die Behörden würden durch die »aufgeheizte Öffentlichkeit« derart negativ beeinflusst, dass sie seine Bitte um Rückkehr ablehnten. Ihm sei »Unrecht widerfahren«.

Dieser Mann, der sich zum Verfolgten der deutschen Justiz hochstilisiert, scheint nichts dazugelernt zu haben. »Man kann doch keinem 28-Jährigen heute noch Sachen vorwerfen, die er mit 14 Jahren getan hat«, lässt er die Kollegen der *Süddeutschen Zeitung* wissen. Das rührt jedes Herz, da hat er sogar recht. Nur rechnen kann er nicht. Vor sieben Jahren, da war der »14-Jährige« bereits 21, wurde er wegen gewalttätiger Angriffe auf seine Eltern verurteilt. Unsere Justiz sollte sich von Mehmet/Muhlis nicht am Nasenring herumführen lassen. Und den Bundespräsidenten um Nachsicht zu bitten, scheint mir ein reichlich dreistes Ansinnen. Wer – wie die Grünen – in der Härte der bayerischen Behörden eine »Hexenjagd« vermutet, ignoriert, dass ein Rechtsstaat zwar Gnade kennt, sich jedoch nicht von unverbesserlichen Kriminellen zum Narren halten lassen darf.

Warum schreibt er statt an das Staatsoberhaupt nicht an seine vielen Opfer, bittet sie um Vergebung, versucht, den Schaden wiedergutzumachen?

Wie viel Schuld hat das Amt
am Leid der kleinen Lena?

Haben unsere Politiker nicht hoch und heilig versprochen, dass solche Fälle in Zukunft unbedingt verhindert werden müssen? Doch jetzt ist wieder ein Kind tot, Lena, sieben Monate alt. Und wieder hat das Jugendamt nicht aufgepasst. Und wieder haben Politiker ihre Versprechungen nicht gehalten.

In Berlin soll ein 17-jähriger Vater seine Tochter zu Tode geschüttelt haben. Wieder wussten die Behörden von früheren Misshandlungen in der Familie, wieder konnten sie das Leben des Babys nicht schützen. Dem Teenager-Vater drohen nun bis zu zehn Jahre Haft, doch was geschieht mit den Mitarbeitern des Jugendamtes, die bereits vor Wochen blaue Flecken am Körper der Kleinen festgestellt hatten? Sie verboten dem Vater zwar, sein Kind allein zu sehen. Doch trotz betreuten Wohnens, vom Jugendamt verantwortet, hat das offenbar niemand kontrolliert.

Es ist ein Skandal, dass im Durchschnitt auf 150 betreute und beobachtete Familien nur ein einziger Sozialarbeiter kommt. Das beklagte die Deutsche Kinderhilfe schon bei den Misshandlungs- und Todesfällen der letzten Zeit. Die Politik kündigte rasche Abhilfe an, doch nichts geschah. Es gibt immer noch zu wenig Sozialarbeiter in den Jugendämtern, die meist unterbezahlt und überarbeitet ihren Dienst tun.

Dafür beobachte ich Geschwader von Ordnungsamt-Mitarbeitern, wie sie mit Zollstock bewehrt in den Straßencafés nach Tischen fahnden, die ein paar Zentimeter zu weit auf den Bürgersteig ragen. Oder Autos mit Knöllchen versehen, weil die Parkuhr gerade abgelaufen ist. Klar, das bringt Bußgeld in klamme Stadtkassen; die Jugendämter kosten nur.

Wir dürfen nicht zusehen, wie die Menschlichkeit verreckt. Wer ein Herz für Kinder hat, kann sich nur der Piraten-Politikerin anschließen: »Wer sich einen Flughafen leisten kann, sollte sich auch eine bessere Jugendhilfe leisten können.«

Macht also Schluss mit der Ankündigungspolitik, lasst Taten sprechen. Es geht um das Wohl der Schutzlosesten unserer Gesellschaft.

Ein Verbündeter im Schloss Bellevue

»Ich stehe heute vor Ihnen als Verbündeter!« Dieser Satz auf dem 10. Seniorentag in Hamburg 2012 ist keine billige Anbiederung im Endspurt der Landtagswahlkämpfe. Hier will sich niemand lieb Kind bei den Alten machen. Der, der das sagt, ist 72 Jahre alt, wird bald zum dritten Mal Urgroßvater und ist unser Bundespräsident.

Joachim Gauck fordert mehr Zusammenhalt der Generationen, wo die Senioren gebraucht werden und nicht nur als lästiger Kostenfaktor gelten. Doch in der letzten Lebensphase, in der man Hilfe braucht, müsse sich »die Menschlichkeit unserer alternden Gesellschaft erweisen«. So seine Worte.

Wie es um diese Menschlichkeit tatsächlich bestellt ist, belegt eine Meldung vom selben Tag: Eine 93-jährige Rentnerin lag mehrere Wochen lang tot in ihrer Wohnung, nicht im anonymen Hochhaus einer Millionenstadt, sondern in einer beschaulichen Seniorenresidenz in Hildesheim. Sie hatte zwar keinen Pflegedienst und konnte sich selbst versorgen. Dennoch kann man von betreutem Wohnen erwarten, dass ab und zu mal jemand klopft.

Alte sind heute viel jünger als früher. Mit 80 haben viele noch die Energie, die einst 50-Jährige hatten. Deshalb werden Senioren gebraucht, wenn sie können und wollen. Doch wenn sie nicht mehr können, haben sie ein Recht, dass andere sich kümmern. Der Generationenvertrag muss funktionieren, wie er im Gebot der Bibel in nur vier Worten beschrieben wird: »Ehre Vater und Mutter.« Dass jemand einsam stirbt, darf es genauso wenig geben wie die absurde Debatte, den Älteren Hüft- und Knieoperationen zu verweigern. Dass Senioren häufig von kostspieligen Krankheiten betroffen sind, weiß auch ein medizinischer Laie. Dass man niemandem notwendige OPs und damit Lebensqualität verweigern darf, gebietet die Menschlichkeit, von der Bundespräsident Gauck spricht.

Die Senioren können froh sein über diesen Verbündeten im Schloss Bellevue, der einem zeigt, was man aus seinem Leben (noch) machen kann.

Das Du zum Schleuderpreis

»Wir können uns doch gleich duzen«, sagt die Maklerin zu einer wildfremden Kundin in einer Fernsehserie, in der Wohnungen vermittelt werden. Sie seien ja schließlich fast gleich alt. Als ob das ein Kriterium wäre. Wieder einmal ist das Intimste, was es zwischen nicht verheirateten Leuten gibt, zum Schleuderpreis weggeworfen worden: Das kostbare Du, das der jüdische Religionsphilosoph Martin Buber geradezu für heilig hält. Schlimm ist diese Marotte bei Frommen. Ich muss doch niemand duzen, nur weil er durch Christus mein Bruder ist. Wo gibt's denn so was. Ganz kurios wird es, wenn sich ein blutjunger Volontär vorstellt mit den Worten »Ich bin der Sven!« Meine prompte Antwort jeweils: »Und ich bin der Herr Hahne«.

Ich werde nie vergessen, wie feierlich es war, als mir große Theologen und international bekannte Redner wie Dr. Gerhard Bergmann oder Pfarrer Paul Deitenbeck das Du angeboten haben. Wir kannten uns seit vielen, vielen Jahren. Noch feierlicher war es bei einem Kollegen, den alle als TV-Moderator kennen. Wir arbeiteten jahrelang in Mainz engstens zusammen, ohne dass ich je auf die Idee gekommen wäre, diesen älteren, lebenserfahrenen Vorgesetzten auch nur ansatzweise zu duzen. Dann lud er mich nach Hause ein, wo seine Frau ein exzellentes Abendessen vorbereitet hatte. Beim Dessert erhob er das Glas und sagte: »Wir beiden kennen uns nun seit 15 Jahren, und zwischen uns passt nicht das sprichwörtliche Blatt Papier. Ich denke, ab jetzt sagen wir Du zueinander.« Selten habe ich mich über etwas so gefreut.

Das Du ist keine Ramschware, es ist die höchste Auszeichnung für Vertrauen, sozusagen das Besiegeln einer echten Freundschaft. Mehr gibt es nicht! Und wer das entwertet, der weiß nicht, was er tut. »Everybodys darling is everybodys

Rindvieh«, sagte Franz Josef Strauß. In der Politik duze ich eine Handvoll Spitzenleute, höchstens. Einer ist unheilbar krank. Als er mir nach einem vertraulichen Gespräch sagte, er als der Ältere (und nicht Sven, der Volontär!) biete mir das Du an, habe ich geweint. Lieber lasse ich mich als arrogant beschimpfen, als diese weinselige Verbrüderung und Duz-Inflation Standard werden zu lassen. Seine Familie und die Glaubensgeschwister kann man sich nicht aussuchen, aber mit wem ich befreundet bin und ihn deshalb duze, das entscheide ich gefälligst selbst.

Zwei Zahlen und eine Frage, ob unsere jungen Leute zu faul zum Arbeiten sind

Die Zahlen passen auf den ersten Blick überhaupt nicht zusammen: 350000 junge Leute zwischen 15 und 24 Jahren sind arbeitslos gemeldet, doch 144000 Lehrstellen bleiben unbesetzt. Und jeder fünfte Fleischer macht dicht, weil das Metzgerhandwerk keinen Nachwuchs findet.

Für Schulabgänger ist der Ausbildungsmarkt so ergiebig wie nie, doch für die Wirtschaft wird es immer schwerer, qualifizierte und motivierte Lehrlinge zu finden. Betriebe buhlen um Bewerber, ein sächsischer Bäcker bietet sogar ein »Begrüßungsgeld« von 1000 Euro, doch kaum ein Lehrling lässt sich locken.

»Manchen Jugendlichen fällt es ja schon schwer, überhaupt pünktlich aus dem Bett zu kommen«, klagt der Zentralverband des Deutschen Handwerks. Vielen fehle es an Disziplin und Leistungsbereitschaft, immer mehr könnten nicht richtig rechnen, lesen und schreiben. Viele bewerben sich nur auf eine vermeintliche »Traumstelle« und zeigen sich nicht bereit, für eine gute Ausbildung aus der heimischen Region wegzuziehen. Dann eben lieber arbeitslos.

Doch nicht jeder kann Kfz-Mechatroniker, Arzthelferin, Verkäuferin oder Tierpfleger werden, vier Branchen aus den Top Ten der Wunschberufe.

Bei den Köchen passen den Jungen die Arbeitszeiten nicht, bei den Metzgern ist es ihnen zu blutig und im Bauhandwerk zu stressig.

Klar, es macht wenig Sinn, dass für fast jeden Berufseinstieg inzwischen das Abitur als Qualifikation verlangt wird. »Als Hauptschüler bist du in Deutschland abgeschrieben«, sagte mir jemand, der nur Absagen bekommen hat.

Dabei gibt es Fertigkeiten und Fähigkeiten, die durch keine Zeugnisnote zu messen sind. Nicht nur das Handwerk lebt davon. Diese Potenziale müssen Eltern, Schulen und Wirtschaft bei den jungen Leuten wieder wecken.

Und nicht nur, weil ich es schrecklich fände, wenn mein Bäckerladen demnächst der x-ten Filiale einer Coffeeshop-Kette weichen muss und in meine Metzgerei ein Handyverkäufer einzieht ...

Lehrt Not wirklich beten?

Noch nie war so viel Gebet. Als islamistische Terroristen Paris ins Visier nahmen und eine Blutspur von über 150 Toten hinter sich herzogen, meinte Bundesinnenminister Thomas de Maizière zu geschockten Reportern: »Wer beten kann, der tue es jetzt. Ich mache das.« Nach dem Absturz der deutschen Germanwings-Maschine über Frankreich titelte eine Zeitung: »Lieber Gott, steh uns bei!«. Seit Michael Schumacher nach seinem schweren Skiunfall aus der Öffentlichkeit verschwunden ist, gibt es kaum einen Prominenten, der nicht beteuert, für ihn zu beten, wenn er auf ihn angesprochen wird. Sportler und Formel-1-Funktionäre, die mir bisher nie durch Frömmigkeit aufgefallen sind, haben Kerzen in Kirchen angezündet und ein Vaterunser gebetet, wie sie sagen. Ich finde das bemerkenswert, frage mich allerdings, ob all diese »Not-Beter« wissen, was ein Gebet überhaupt ist. Auf jeden Fall ist Beten nicht Körperhaltung, sondern Lebenshaltung. Wer sich allein in der Not auf Gott besinnt, setzt sich dem Verdacht aus, ihn zum Erfüllungsgehilfen und Ablassautomaten zu degradieren. Gott ist nicht der Notnagel, wenn wir mit unserem Latein am Ende sind.

Beten will gelernt, gelebt und geübt sein. Zum Beten gehört auch das Danken. Und da beginnt das Problem: In guten Tagen glauben viele, Gott nicht nötig zu haben, ja, er stört sogar mit seinen Geboten unsere Gebete. Nach meiner Erfahrung stimmt die Volksweisheit »Not lehrt beten« nicht. Ich habe mehr Menschen erlebt, die Not verbittert hat. Das Gebet ist entweder alltägliche Lebenspraxis und damit nachhaltig, wie es neudeutsch so schön heißt. Oder es wird zu einem einmaligen Aufschrei, der so schnell wieder verhallt, wie Schicksalsschläge oder die Bilder davon verblasst sind.

Dietrich Bonhoeffer, ein Märtyrer des Dritten Reichs, antwortete, als er vor seiner Hinrichtung gefragt wurde, warum er so gelassen ist: »Weil ich Gott in gesunden Tagen gefunden und mit ihm gelebt habe, weiß ich, dass er auch jetzt in der Not meine Gebete erhört.« Glaubenserfahrung und Gewissheit von Gebetserhörung sind zwei Seiten derselben Münze. Warum soll Gott mich erhören, wenn er mir ansonsten gleichgültig ist? Warum sollte er offene Ohren für jemand haben, der seine Ohren vor ihm verschließt? Auch das Gebet zu Gott und das Hören auf Gott sind zwei Seiten derselben Medaille. Der dänische Philosoph Søren Kierkegaard beschreibt das so: »Ich meinte erst, Beten sei Reden. Ich lernte aber, dass Beten nicht bloß Schweigen ist, sondern Hören.« Insofern gehören Gebete und Gebote zusammen.

Damit kann man nicht früh genug anfangen. Schade, dass das »Komm, Herr Jesus, sei du unser Gast« durch »Piep, piep, piep, wir haben uns alle lieb« als Tisch-»Gebet« ersetzt wurde. Das ist so, als wären Astronauten von der Rakete aufs Fahrrad umgestiegen. Nichts ist doch wichtiger, als Kinder früh zur Dankbarkeit zu erziehen und zu demonstrieren, dass Lebensmittel nicht selbstverständlich sind. Ich freue mich jedes Mal, wenn ich im Lokal sehe, wie jemand vor dem Essen den Kopf kurz senkt, manche bekräftigen ihr stilles Gebet sogar mit dem Kreuzzeichen. Das ist kein Zeichen frömmelnder Schwäche, das ist charakterliche Stärke.

Zum Gebet gehört auch die Fürbitte, das Beten für andere. Niemand hat das so schön beschrieben wie Martin Luther: »Fürbitte heißt: Jemandem einen Engel senden!« Sollte man da nicht mal wieder anfangen zu beten?

Respekt für die
Frauen von Schlecker

Freud und Leid, Lust und Frust liegen vermutlich am letzten Öffnungstag in den Schlecker-Filialen eng beisammen. Während die Verbraucher die Läden stürmen, stürzen die Verkäuferinnen ins Nichts. Abverkauf nennt man, was in Wahrheit ein Fest für Schnäppchenjäger ist.

Die Geschäfte werden nun doch geschlossen, und die Schlecker-Frauen müssen sich einen neuen Job suchen. Sie sind Opfer falschen Managements, aber auch fahrlässiger Versprechungen, die ihnen Politik und Gewerkschaften lange gemacht haben.

Meine Bitte an die Kunden, die den Räumungsverkauf nutzen und die Filialen stürmen, um Shampoo, Waschmittel und Zahnpasta zu Super-Schnäppchenpreisen zu kaufen: Lasst den Abverkauf der Ware nicht zum Ausverkauf der Würde werden. Denn dass der Schlussverkauf zu einer Plünderung pervertiert, das haben die Schlecker-Frauen, die über Jahrzehnte ihrer Kundschaft gedient haben, nicht verdient.

So berechtigt die Kritik an den Arbeitsbedingungen bei Schlecker war, an den Verkäuferinnen hatte nie jemand etwas auszusetzen. Ich selbst habe erlebt, wie sie noch lächelten, als bereits das Aus drohte.

Dieses Lächeln sollte man ihnen jetzt zurückgeben, wenn man mit Ware bepackt den Laden zum letzten Mal verlässt. Und einfach hoffen, dass man sich wiedersieht, denn ich wünschte mir, dass »meine« Berliner Schlecker-Frauen bald

in der Nachbarschaft einen Job finden und uns erhalten
bleiben.

Nie wieder Zinsen
auf Erspartes!

Ach, was haben uns die Politiker doch alles wärmstens emp-
fohlen, um für das Alter vorzusorgen. Nachdem Norbert
Blüms legendärer Satz »Die Rente ist sicher!« durch seine
Nachfolger ad absurdum kaputt-regiert wurde, riet man zur
privaten Vorsorge. Nach der klugen Volksweisheit »Spare in
der Zeit, dann hast du in der Not« sollte man am besten nach
dem Vorbild der »schwäbischen Hausfrau« nicht sein ganzes
Geld verpulvern oder sich allein auf die allgemeine Rente
verlassen, nein, lieber etwas auf die hohe Kante legen. Und
solche Kante ist natürlich im 21. Jahrhundert nicht mehr der
Sparstrumpf oder das Kopfkissen, vielmehr sind Lebensversicherungen, Aktien oder Sparkonten das Zauberwort. Heute
kann man ernüchtert feststellen: Wer auf diese Weise spart
und vorsorgt, ist der Dumme.

Die Europäische Zentralbank (EZB) druckt unablässig
neues Geld, das schwache EU-Staaten wie Griechenland aus
der Krise und vor allem wohl aus den Schlagzeilen bringen
soll. Die Bürger werden wieder mal für dumm verkauft und
entmündigt, weil parallel der Leitzins auf ein Rekordtief von
0,05 Prozent gesenkt wurde. Und dabei scheint es zu bleiben:
Es gibt keine Zinsen mehr. Experten sagen: Nie mehr! Es wird
nie wieder Zinsen geben, mit denen man für sein Alter vorsorgen kann. Im Gegenteil: Man muss Angst haben, dass

einem nicht noch etwas genommen wird von dem, was man mühsam erspart hat. Deshalb: Finger weg von unserem Ersparten!

Dass selbst Lebensversicherer davon abraten, klassische Lebensversicherungen abzuschließen, ist ein deutliches Signal. Es kann nämlich sein, dass man später weniger ausbezahlt bekommt, als man bei Vertragsabschluss einbezahlt hat. Allein Aktionäre profitieren von der EZB-Geldschwemme. Doch hatte man nicht immer wieder aus klugem Politikermund vernommen, man solle statt Börsenrisiko lieber auf die sicheren, klassischen Anlagemethoden setzen? Vor allem, wenns ums Alter geht. Alles heiße Luft, alles Lug und Trug. Von wegen sicher! Vielleicht hilft dann doch nur noch das altbewährte Kopfkissen. Auf jeden Fall wird einem immer klarer, warum man das Bargeld am liebsten abschaffen würde. Dann hätten die Eurokraten alles und der Bürger nichts – und die »schwäbische Hausfrau« könnte in Rente gehen, die sie sich jedoch nicht mehr leisten kann. Was für eine Welt!

Die Macht der Bilder

Ein Aufschrei, als einige Zeitungen Bilder von Leichen zeigten, die von islamistischen Terroristen geköpft worden waren. Oder das berühmt-berüchtigte Foto, wo die abgehackten Köpfe ermordeter Christen auf Holzpfosten steckten. Ein Aufschrei derer, die so etwas furchtbar finden und am liebsten verbieten wollen. Doch ein Bild sagt oft mehr als tausend Worte. Die Kriege im Irak oder in Syrien sind auch Kriege der

Bilder. Aber was darf man zeigen, was nicht? Auch Fotos von verletzten, gefolterten oder toten Menschen?

Der Deutsche Presserat ist sehr restriktiv und damit oft an der Realität vorbei. So rügte er im September 2014 den *Spiegel*, weil er die Gesichter der Opfer des auf rätselhafte Weise verschwundenen Fluges MH 17 zeigte. Dabei sind es doch gerade diese Fotos, die aus einer anonymen Opferzahl konkrete Menschen machen und ihnen ein Denkmal setzen. Auch Kriegsbilder dienen bestimmten Zwecken. Oft der Propaganda der Täter, selten der Zeitungsauflage. Denn abstoßende Bilder stoßen ab. Dass die abgeschlachteten Opfer der IS-Terroristen zumindest andeutungsweise gezeigt wurden, hat bei vielen in der Politik erst die Bereitschaft geweckt, für den bewaffneten Kampf gegen die Islamisten einzutreten.

Es waren die Bilder des Massakers von Srebrenica 1995, bei dem die Serben rund 7000 Bosnier umbrachten, die den Grünen-Politiker Joschka Fischer dazu brachten, seine Pazifisten-Partei für Kriegseinsätze deutscher Soldaten zu gewinnen. Ich war auf dem Bielefelder Parteitag damals dabei, wo er immer wieder in den Tumult rief: »Ich habe die Bilder gesehen, die Bilder! Das darf uns nicht kaltlassen.« Es war jener Parteitag, wo Fischer den Farbbeutel von einem seiner eigenen Delegierten an den Kopf geworfen bekam, der bis heute sein Gehör schädigt.

Der Schwenk der Amerikaner, den Vietnamkrieg endlich zu beenden, ist auch einem Foto zu verdanken, das die Weltöffentlichkeit 1972 schockierte: die neunjährige Kim Phuc, das »Napalm-Mädchen«. Das nackte Mädchen flieht schreiend mit anderen Kindern eine Straße hinunter, die Napalmwolke wälzt sich hinter ihnen her. Oder denken wir an den erschossenen Peter Fechter, der 1962 von einem Polizisten aus dem DDR-Stacheldraht getragen wurde – ein Symbol für Hunderte von Menschen, die »wie Hasen erschossen wurden, nur weil sie von Deutschland nach Deutschland wollten« (Lothar Loewe). Und wo Rosa Luxemburg recht hat, hat sie recht: »Es gibt Leichen, die lauter reden als Posaunen und heller leuchten als Fackeln.« Man denke an das Bild von dem kleinen Ailan am Strand von Bodrum/Türkei. Ein sichtbares Zeugnis einer unfassbaren Tragödie. Der Dreijährige wurde zum Symbol für die Schlepper-Verbrecher, ertrunken auf der illegalen Überfahrt von der griechischen Insel Kos.

Diese Bilder machten Geschichte. Ein Bild erzeugt Emotionen, wie sie auch der dramatischste Text nicht schafft. »Als Journalist muss ich dieses Bild drucken, sonst habe ich meinen Beruf verfehlt«, meint der erfahrene langjährige Fotochef des *STERN*, Wolfgang Behnken. »Worte sind der Geist von Nachrichten, Bilder die Seele. Sie geben Anstöße, und wenn es ganz große Bilder sind, verändern sie das Bewusstsein.« Solche Fotos schaffen, was Demonstrationen und Politikerreden niemals bewirken können: Herz und Gewissen der Menschen zu berühren. Wer solche Fotos ablehnt und sich dabei zum Beispiel auf den Jugendschutz beruft, hat noch nichts von Internet und Handyvideos gehört. Was wir dort zu sehen bekommen und was sich unsere Kinder oft stundenlang »reinziehen«, dagegen ist alles harmlos, was man in Zeitungen geboten bekommt.

Übrigens gilt das ebenso für diesen theologischen Schwachsinn vor allem der evangelischen Kirchen, das

Kreuz von Jesus Christus zu »verstecken«, weil eine solche Botschaft doch viel zu grausam sei. Wenn Pfarrer selbst nichts mehr glauben und mit der zentralen Botschaft der Bibel nichts mehr anfangen können, dann sollen sie lieber in die Politik oder auf den Bau gehen, als uns mit solchen Blödsinns-Theorien zu belästigen. Wer einmal die Festspiele von Oberammergau erlebt oder den Film *Passion* gesehen hat, dem geht unauslöschlich unter die Haut, wie groß das Opfer war, das Jesus Christus für die ganze Menschheit gebracht hat. Auch hier gilt, in einer anderen Dimension, die Macht der Bilder.

Um die Realität zu zeigen, um die Welt aufzurütteln, setzen Journalisten-Kollegen in Krisengebieten ihr Leben ein. Das macht sie zu Helden unserer Zeit, wie den von IS-Terroristen vor der Kamera geköpften amerikanischen Fotoreporter James Foley. Soll ihr Einsatz nicht umsonst gewesen sein, muss man ihre Arbeiten auch zeigen.

Im Streit um die Kitas regieren die Demagogen

Auch wenn ich mir mit dieser Kolumne bestimmt keine Freundinnen mache, mir platzt langsam der Kragen, wenn in Talkshows und Magazinen das Thema Betreuungsgeld behandelt wird.

Beinahe jeder Satz klingt, als hätte man inzwischen allgemein und letztverbindlich beschlossen: Kinder, und zwar alle, können nur in Kitas und ähnlichen Verwahr-Einrichtungen optimal erzogen werden.

Wer in diesen Chor nicht einstimmt und mitmacht, wird mit Hass und Häme niedergemacht. Manche Talker ziehen gegenüber einem anders Argumentierenden ein Gesicht, als müssten sie Ekel-TV moderieren.

Dabei hat vielleicht nur ein Gast in die Runde geworfen, dass es in einer Demokratie doch möglich sein müsste, in Sachen Kindererziehung wenigstens Wahlfreiheit zu gestatten und diejenigen, die ihrer Kleinen wegen zu Hause bleiben, finanziell zu unterstützen. Um mehr geht's doch gar nicht! Oder doch?

Ich werde das Gefühl nicht los, als arbeiteten sich vor allem Medienleute an ihrem eigenen Lebensentwurf ab.

Da kann in einer Zeitung ein riesiger Artikel von exzellenten Experten stehen, die belegen, dass Kinder in den ersten beiden Lebensjahren besser eine einzige heimische Bezugsperson brauchen als zehn wechselnde, gestresste Tages-Tanten im Schichtdienst. Garantiert geifert daraufhin in der Kommentarspalte eine Kollegin, wie bescheuert Betreuungsgeld doch ist.

Klar, die zwei Drittel Familienfrauen in unserer Bevölkerung sitzen ja schweigend zu Hause und nicht in Redaktionsbüros.

Gleichzeitig wird der Eindruck erweckt, als seien Mütter, die mit ihrem Kind daheimbleiben, Prekariats-Schlampen, die die Staatskohle in den nächsten Schuh-Discounter, MediaMarkt oder zum Getränkehändler tragen. Belegt wird dergleichen übrigens von keiner Statistik, die ich kenne.

Soll ich jetzt von den vier Kitas meiner Nachbarschaft schreiben, wo ich beim Brötchenholen erlebe, wie quengelnde Kleinkinder quasi vom Kreißsaal in die Krippe abgegeben werden und die Eltern sich am Fenster die Nasen platt drücken, um dem heulenden Heimweh schnellen Trost zu spenden?

Zu einfach, meinen Sie? Die Wahrheit, sage ich.

Protzprojekte als Luftnummern menschlicher Selbstüberschätzung

In meiner Heimat haben sie ihm ein Denkmal gesetzt: Leo Sympher, Bauingenieur und preußischer Ministerialdirektor. In Minden lieferte der Stratege sein Meisterwerk ab: das Wasserstraßenkreuz, auf dessen Brücke die Schiffe des Mittellandkanals in 13 Meter Höhe die Weser überqueren. In kaum einem Erdkundebuch fehlt ein Foto dieses gigantischen Bauwerks, als Paradebeispiel für deutsche Technik gepriesen.

1914 wurde die 370-Meter-Betonbrücke pünktlich eingeweiht, das Team um Leo Sympher hatte dafür lediglich 33 Monate gebraucht. Heute schaffen Vergleichbares weder Symphers preußische Hauptstadt-Nachfahren noch weltoffene Hanseaten oder fleißige Schwaben.

Trotz modernster Technik werden gefeierte Jahrhundertbauten nahezu regelmäßig in den Sand gesetzt. Berlins Flughafen, Münchens Transrapid, der Tiefbahnhof Stuttgart 21 – technische Tiefschläge für die Qualitätsmarke »Made in Germany«, und die Welt lacht sich schlapp. Politiker voller Größenwahn produzieren peinliche Pannen, nichts scheint mehr zu gelingen, der »Turmbau zu Babel« bleibt bis zum heutigen Tag Symbol illusionärer Luftnummern menschlicher Selbstüberschätzung.

Zunächst rühmt man sich ambitionierter Protzprojekte, die die Welt das Staunen lehren sollen, und am geplanten Eröffnungstag stehen die Verantwortlichen da in »des Kaisers neuen Kleidern«.

Dabei weiß doch jeder Häuslebauer, dass es schon beim kleinsten Projekt große Probleme geben kann. Witterung, Materiallieferung, Handwerker – alles Unsicherheitsfaktoren.

Doch im Rausch von Gigantomanie und getrieben von Rekord- und Tempowahn vergessen wir, dass alles auch eine Nummer kleiner geht. Verheißungsvolle Versprechungen von Zukunft und Modernität bleiben heiße Luft, wenn man alle Risiken ausblendet und nur noch geblendet ist von dem Denkmal, das man sich damit selbst bauen will.

Für das Großprojekt Erde brauchte Gott laut Bibel nur sechs Tage, seine Schlussbilanz hieß: »Alles ist gut!« – Und am Sonntag leistete er sich einen Feiertag. Es geht doch!

Die »Quoteritis« im Job ist die ärgerlichste aller Volkskrankheiten

Die Kassiererin im Supermarkt ist 67, der Verkäufer im Schuhgeschäft 69 und der nette Tankwart, der das defekte Kofferraumschloss meines Mietwagens repariert, 72 Jahre alt – Momentaufnahmen aus meinem gerade beendeten Kalifornien-Urlaub.

Von einem Renten-Eintrittsalter wie in Deutschland träumt man in den USA. Natürlich will ich deren Sozialsystem nicht schönreden, aber eines finde ich richtig gut: Die Senioren dort fühlen sich gebraucht und stehen, solange sie es wollen, mitten im (Arbeits-)Leben.

Bei uns dagegen werden qualifizierte Arbeitnehmer in Rente geschickt, auch wenn sie gern bleiben würden. In vielen Unternehmen rächt sich der Jugendwahn, weil jetzt Fachkräfte händeringend gesucht werden. Hätte man die Älteren nicht aussortiert, gäbe es manchen Engpass in den Firmen nicht. Deshalb ist es nur konsequent, wenn zum Beispiel die »Seniorenunion« fordert, erst an diese erfahrenen Leute zu denken, bevor man im Ausland Facharbeiter anwirbt.

Im Prinzip richtig, aber die Unternehmen sollen per Quote gezwungen werden, die über 60-Jährigen in ihren Betrieben zu halten. Von diesem Quoten-Quatsch habe ich die Nase voll. Die SPD beglückte uns zuletzt mit einer Migrantenquote für Spitzengremien, Bayerns Konservative mit einer CSU-Frauenquote. Unterdessen wird die Quote der Politiker, die man noch ernst nehmen kann, immer geringer.

Der Begriff Quote hat das Zeug zum »Unwort des Jahrhunderts«. Die Bürger wenden sich kopfschüttelnd ab, wenn den Politikern nichts anderes einfällt, als ihre Reformideen auf diesem Umweg durchzusetzen. Es fehlt nur noch eine Quote für rothaarige Linkshänder oder Rad fahrende Vegetarier. Der klügste Vorschlag wird dadurch kaputt gemacht, indem man zur Durchsetzung eine Quote fordert.

Älteren Arbeitnehmern hilft keine Quote, sondern die Einsicht der Unternehmer, dass sie sich selbst arm machen, wenn sie auf den Reichtum von Berufs- und Lebenserfahrung der Senioren verzichten.

Wer die Ü-60-Generation nur wegen ihres Alters aussortiert und diskriminiert, ist dumm. Noch dümmer ist, wer nicht merkt, dass gerade die Quote die Höchstform von Diskriminierung bedeuten kann. Ich möchte meinen Job nicht deshalb behalten, weil der Staat es so verordnet, sondern weil mein Chef erkennt, dass ich etwas Unverzichtbares leiste.

Also hört auf mit der verblödenden Volkskrankheit Quoteritis!

Blatter macht auf Nordkorea

Noch-FIFA-Chef Sepp Blatter ist wohl der Mann mit dem größten Sitzfleisch der Welt. Mister Pattex klebt an seinem Stuhl, obwohl er doch schon zurückgetreten ist. Solange die Korruptionskrise schwelt und kein Nachfolger bestellt ist, bleibt der Schweizer jedoch stur an seinem Schreibtisch in der Züricher FIFA-Zentrale sitzen. Spätestens seit der Staatsanwalt im Herbst 2015 auf der Matte stand, hätte er eigentlich seine Koffer packen müssen.

Sepp Blatter ist immer so stolz auf seine Herkunft aus dem Schweizer Wallis. Das kann ich verstehen, mache ich dort doch regelmäßig Urlaub am herrlichen Aletsch-Gletscher. Die Menschen in Blatters Heimat sind redliche Leute, bodenständig mit tiefen christlichen Wurzeln, und haben Tugenden, die man durchaus preußisch nennen könnte. Alles das, was dem schwerreichen Sportfunktionär offenbar fehlt. Das Wallis kennt die uralte Tradition der direkten

Demokratie. Über viele Dinge stimmt das Volk und nicht das Parlament ab. Doch Blatter macht das genaue Gegenteil, er schert sich nicht um Abstimmungen, er klebt an seinem Stuhl. Das exakte Gegenstück zu seiner urdemokratischen Heimat: Er lebt wie im Endstadium des diktatorischen Nordkorea.

Aber bevor es der Häme zu viel wird: Wo sind eigentlich all jene, die Blatter demokratisch in sein Amt gewählt haben, ja, die ihn immer wieder gewählt haben? Der Mann ist doch nicht vom Himmel gefallen oder entstammt einer Sport-Monarchie. Es gab ja wohl Frauen und Männer, auch aus Deutschland, die mitgespielt haben. Ich sehe noch die Bilder, wie deutsche Staatsspitzen ihn mit Orden und Ehrenzeichen behängten, nachdem wir das Sommermärchen Weltmeisterschaft zugesprochen bekamen. Da hatte ich nicht den Eindruck, dass man Blatters Integrität in Zweifel zog, obwohl er damals schon längst in den Schlagzeilen war. Jetzt praktiziert man das Gegenteil von »mitgefangen, mitgehangen«: Man tut so, als habe man den Mann nicht gekannt, sei ihm nie begegnet und habe keine »Geschäfte« mit ihm gemacht. Das Gute ist, dass das Volk dies alles nicht durchgehen lässt. Dazu ist das, was man den Sportfans angetan hat, viel zu schlimm: Der Volkssport Fußball hat schwer Schaden genommen, weil geldgierige Funktionäre und politische Trittbrettfahrer ihn sich zur Beute machten.

Ein Verrat, der zum Himmel schreit

»So sind sie eben, die sogenannten Christen!« Diese sieben Worte schmerzen mich als (evangelischen) Christen mehr als all die Hetztiraden, die jetzt im Internet gegen die katholische Kirche abgefeuert werden.

Es sind Reaktionen auf die Meldung, dass eine junge Frau von zwei katholischen Kölner Kliniken abgewiesen wurde, als sie die Spuren einer mutmaßlichen Vergewaltigung untersuchen lassen wollte.

Die Kirche spricht von einem Missverständnis, da man im Sinne der Morallehre auch bei Vergewaltigungen keine Abtreibung vornehme. Eine Notärztin erhebt jedoch schwere Vorwürfe gegen ihre konfessionellen Kollegen, weil es um eine bloße Beweissicherung und Erstversorgung gegangen sei. Aus übertriebener Angst, mit den Kirchenoberen dennoch Ärger zu bekommen, hätten sie die Frau lieber weggeschickt. Wo bleibt da die Nächstenliebe? Steht nicht das Gleichnis vom barmherzigen Samariter in derselben Bibel, die das Töten von Menschenleben verbietet?

Ein Proteststurm gegen die Kirchenführung erhebt sich auch beim Thema Missbrauch. Noch drei Jahre nach Bekanntwerden der ersten Fälle wird man den Eindruck nicht los, dass da weiter gemauert, vertuscht und verharmlost wird.

Ergreifend war der Auftritt eines Opfers im ARD-Morgenmagazin. Unter Tränen berichtet der Mann, wie es ihm in den 1960er-Jahren bei den Regensburger Domspatzen ergangen ist. Er tut das ohne Wut, ganz ruhig, ohne Namen zu nennen, ohne pauschalen Hass auf die Kirche. Er ist nur enttäuscht, dass er kein Gehör findet und mit Formbriefen abgespeist wird. Er frage sich, wie die Verantwortlichen vor dem Jüngsten Gericht bestehen wollten, von dem sie doch immer predigen.

Die Kirchen sind dabei, ihr wichtigstes Kapital zu verspielen: Vertrauen und Glaubwürdigkeit. Ein solcher Verrat an den eigenen Grundsätzen schreit zum Himmel.

Wolfgang Thierses Schwaben-Schelte ist die reine Heuchelei

Ein Berliner Spitzenpolitiker kritisiert, dass sich in der deutschen Hauptstadt zu viel türkische Lebensart breitgemacht hat: »Ich wünsche mir, dass die Türken begreifen, dass sie jetzt in Berlin sind. Und nicht mehr in ihrer Kleinstadt in Anatolien.« Er wolle mehr Currywurst statt Döner. Unvorstellbar? Hoffentlich. Aber Bundestagsvizepräsident Wolfgang Thierse hat ja in einem viel diskutierten Interview auch nicht gegen Türken oder andere Berlin-Zuwanderer gewettert, sondern gegen die schwäbischen Migranten. Ihn ärgere, dass es in seinem Wohnbezirk Prenzlauer Berg nun »Weckle« statt »Schrippen« beim Bäcker gibt und ebendiese Schwaben nicht begreifen wollen, dass sie nicht mehr in ihrer »Kleinstadt mit Kehrwoche« leben. Wenn sie eine gewisse Zeit in Berlin wohnten, »dann wollen sie es wieder so haben wie zu Hause«. Und das passt Herrn Thierse nicht.

Was mir nicht passt: Dass ich so etwas über andere, die ihre Lebensformen »wie zu Hause« praktizieren, nicht ungestraft sagen darf. Dass das eine als Überfremdung gegeißelt, das andere als kulturelle Bereicherung begrüßt wird. Und dass oft dieselben Leute, denen es nicht bunt genug zugehen kann, jegliche Kritik daran als ausländerfeindlich verdonnern. Aber selbst über deutsche Mitbürger herziehen. Wer von Toleranz spricht, sollte tolerant sein.

Vom Karneval der Kulturen lässt sich in Multikulti-Seligkeit wohlfeil schwärmen, solange man selbst in einem schicken Kiez wohnt und für die eigenen Kinder Privatschulen bezahlen kann. Beispiele prominenter Politiker (und Journalisten!) gibt's genug. Diese Heuchelei ist es, die mich aufregt.

Wolfgang Thierse empfehle ich gern zum genussvollen Abbau seiner Vorurteile mein Lieblingslokal für gutbürgerliche Küche. In der »Zwiwwel« servieren ein Brandenburger Koch und seine aus Thailand stammende Frau Maultäschle, Spätzle, Kräuterflädle und andere schwäbische Köstlichkeiten.

Mehr Multikulti geht nicht. Weniger wäre in dem Fall auch schade.

Die Frauen, der Fußball und der Humor des ZDF

Endlich mal was Lustiges aus einer Firma, die sich »Anstalt« nennt, und schon ist das auch nicht recht, die halbe Nation befindet sich im Erregungszustand.

Statt Werbung für Windeln und Treppenlifte präsentiert

das ZDF einen witzigen Trailer zur Frauenfußball-Europameisterschaft in Schweden. Eine Frau im Nationaltrikot versenkt einen schmutzigen Ball im Trommel-Rund einer Waschmaschine, um dann das 40-Grad-Programm »Leder« einzuschalten.

Wow – diese Frau! Sie trifft im Sinne der berühmt-berüchtigten Torwand, Markenzeichen des »Sportstudios«, auf Anhieb ins Rund, das haben noch nicht einmal Kaiser Franz oder unser aller Schweini geschafft. Ein Volltreffer auch die Idee, mit der Waschmaschine ein Klischee aufs Korn zu nehmen: Frauen an den Herd, in den Haushalt, an die Wäsche.

Wer immer sich diesen Gag ausgedacht hat (vielleicht war es ja eine Frau), hat nicht gendergerecht gedacht und musste folglich abgestraft werden. Sport- und Spottjournalisten fordern die Absetzung des angeblich frauenfeindlichen Werbefilms. Die spaßfeindliche Gutmenschen-Gleichung lautet: Frauenbein neben Waschmaschine ist per se sexistisch, da gibt es kein Pardon. Keine Floskel lassen die Korrektheitsapostel aus: Der Sender »schießt sich ins Aus«, zumindest »ins Abseits«, »eckt bei Frauen an« und »erzielt ein Eigentor«.

Der Quatsch-Storm hat gewirkt: Das ZDF stückelte eine neue Szene an den Trailer; jetzt ist auch ein Mann zu sehen. Der Mann bügelt. Platter geht's nicht.

Armes Deutschland

Sie ist eine Institution fast wie der Papst. Nur dass der immer wieder wechselt, während sie bereits eine gefühlte Ewigkeit im Amt ist und manchen Papst überlebt hat: die Queen. Im Juni 2015 kam die britische Königin Elizabeth II. wieder mal zum Staatsbesuch nach Deutschland. Sie hat bisher alle (!) unsere Kanzler und Präsidenten überlebt, und wieder war allseits zu hören: Die Engländer sind um diese Frau zu beneiden. Und Deutschland mit König, das hätte doch was. Entsprechend der Jubel, wo immer sie auftrat. Berlin, Frankfurt, Celle – die Städte putzten sich raus, selbst die emanzipiertesten Damen hatten den Hofknicks geübt und sogar linke, ach so republikanische Spitzenpolitiker kamen vor lauter Ehrfurcht ins Schwitzen. Die Queen ist eben ein Unikat der Zeitgeschichte.

Einzig der sonst so geschätzte Bund der Steuerzahler hatte da wohl etwas missverstanden. Kleinkariert mäkelte man über die Kosten für den Aufenthalt Ihrer Majestät. Man hätte es wohl am liebsten mit dem unsäglichen Wort »Unkosten« beschrieben, was ja immer nach unnötig, überflüssig und verschwenderisch klingt. Wie ein Provinzbuchhalter rechnet das »Schwarzbuch« des Steuerzahlerbundes penibel mit spitzem Bleistift auf: 12 900 Euro für Blumen und Staatsbankett; 4000 Euro für Notarzt und Rettungstransporter, falls der 89-jährigen Monarchin etwas zustößt; 16 000 Euro für zusätzliche Polizisten; 34 200 Euro für Beflaggung und rote Teppiche und schließlich 207 000 Euro für den Airbus 340, der die Queen mit Bundespräsident Joachim Gauck von Berlin nach Frankfurt/Main brachte, inklusive der Eskorte durch Eurofighter. Fehlt nur noch die Anzahl der Klopapierrollen oder der Wasserverbrauch der Queen.

Armes Deutschland, das in den protokollarischen Selbstverständlichkeiten eines wichtigen Staatsbesuches einen gravierenden Sündenfall sieht. Es gibt Gelegenheiten, wo sich das Pfennigfuchsen verbietet. So würde es selbst die viel zitierte »schwäbische Hausfrau« sehen. Und die Queen, sollten ihr die Peinlichkeiten je zu Ohren gekommen sein, wird an ihre schottischen Untertanen denken, die in Sachen Sparsamkeit die deutschen Schwaben noch weit hinter sich lassen. Ich selbst bin, um es mit Elizabeth zu sagen, »not amused« über diese pingelige Kleingeisterei, die etwas vom Muff deutscher Amtsstuben hat.

Kreuzberger Mächte sind dumm!

Es erinnert mich an die DDR, wo Engel Weihnachten zu »Jahresendflügelfiguren« umbenannt wurden, weil dem SED-Regime das Christentum zuwider war.

Doch ausgerechnet im Berliner Bezirk Friedrichshain-Kreuzberg, der sich weltoffen, tolerant und multikulturell gibt, nennen Muslime ihre Ramadanfeier jetzt Sommerfest, und ein Weihnachtsmarkt bekommt das Etikett Winterfest.

Dahinter steckt ein folgenschwerer Beschluss des Rot-Grün geführten Bezirks: »Die religiöse Selbstdarstellung auf öffentlichen Flächen« wird verboten. Gegen Kritik aller Religionsgemeinschaften wendet man treuherzig ein: Paragraf 4 des Grundgesetzes – »Die ungestörte Religionsausübung wird gewährleistet« – werde doch nicht eingeschränkt, denn Religion könne ja privat ausgeübt werden.

Ja, wie dumm sind denn die Kreuzberger Mächte? Genauso argumentierten doch bereits die Nazis und die SED: Wir haben ja nichts gegen eure Religion, solange man davon nichts sieht. Auf Antrag der Piraten-Partei wird der Bezirk künftig auch keine Ehrenmedaille mehr Bürgern verleihen, die sich aus religiösen Gründen engagieren.

Wahnsinn! Dann kann die »Arche«, ein christliches Hilfswerk, Suppenküchen und Kinderbetreuung gleich schließen und die Berliner Stadtmission ihren Kältebus für Obdachlose im Winter in der Garage lassen. Beim Großen Zapfenstreich müsste man das »Gebet« entfernen, beim Gedenken an die Widerstandskämpfer gegen Hitler am 20. Juli den Choral und im Bundestag die religiöse Eidesformel. Und der Bezirk Kreuz(!)-berg müsste dann seinen Namen und sein Wappen verlieren; es sei denn, diese geschichtslosen Gutmenschen glauben, es handele sich um ein Autobahnkreuz.

Multikulti und Toleranz bedeuten: Jeder darf seinen Glauben, seine Kultur und Tradition im Rahmen der Gesetze öffentlich leben und bekennen. Nur so lernen wir uns kennen und respektieren. Toleranz ohne eigenen Standpunkt ist Beliebigkeit. Wer das will, setzt die Freiheit aufs Spiel. Deshalb ist dies auch mehr als eine Lokalposse.

Die falsch verstandene
Achtung vor der Schöpfung

Für die Liebsten nur das Beste, heißt es in einer Werbung. Im Angebot: ein Dialog von Forelle und Lachs, Pastete von Kaninchen und Rind, Geflügelcocktail von Ente und Truthahn.

Was wie ein Festmenü für ein romantisches Candle-Light-Dinner klingt, ist der normale Wahnsinn auf dem Speiseplan unserer vierbeinigen Familienmitglieder; das Ganze möglichst aus einem mit Swarovski-Steinen besetzten Napf für schlappe 700 Euro.

Rund vier Milliarden Euro geben die Deutschen jährlich für Tierfutter und Accessoires wie Designer-Mäntelchen oder Tragetäschchen aus. Genauso viel, wie 2012 an Elterngeld gezahlt wurde. So die Statistiken anlässlich des Weltkatzentages.

Diese »Gedenktage« für Milch, Bäume, Feuchtgebiete und Radfahren finde ich eigentlich Blödsinn, diesmal war es gut, dass sich die Medien mit dem Thema beschäftigten.

Klar, dass man Haustiere nicht als Spielzeug benutzen sollte oder gar als Sache, wie es bis vor Kurzem noch Gesetzeslage war. Wer Tiere quält oder sie vor dem Urlaub einfach aussetzt, gehört bestraft. Aber ist es etwa artgerecht, Tiere zu Luxus-Lebewesen zu machen? Diese völlig überzogene Tierliebe muss wie Hohn für all die Menschen klingen, die nicht wissen, wie sie über die Runden kommen. Was soll ein Kind aus einem Hartz-IV-Haushalt denken, das sich in der Suppenküche die einzige warme Mahlzeit des Tages holen muss, wenn es Regale voller Tier-Delikatessen in den Supermärkten sieht? Dort ist übrigens nur noch ein Eckchen für Babynahrung reserviert, das große Geld wird heute mit Tieren gemacht.

Beim Kiez-Spaziergang komme ich an diversen Tagesstätten vorbei. Die für Kinder und Alte wirken renovierungsbedürftig, die für Hunde wie reiner Luxus – auch was die Preise angeht. Es gibt Katzen-Cafés und Hunde-Hotels, aber Ferienbetreuung für Kinder sucht man meist vergebens. Übermenschliche Tierliebe, die aus Vierbeinern Luxus-Lebewesen macht, hat mit Achtung vor der Schöpfung nichts zu tun. Ein großer Hund in einer kleinen Wohnung braucht Auslauf, kein Vier-Sterne-Menü.

Ich habe Angst davor, dass Sterbehilfe zum Geschäft wird

Eine Mehrheit der Deutschen ist für die Beihilfe zum Selbstmord gegen Bares: Nach einer *Bild am Sonntag*-Umfrage befürworten 49 Prozent eine »gewerbsmäßig organisierte Sterbehilfe«. Nur 41 Prozent wollen dies unter Strafe stellen, wie es ein Gesetzentwurf des Bundesjustizministeriums vorsieht.

Und der scheint mir schon zu liberal, will er doch wenigstens Ärzten, Pflegern oder nahen Angehörigen erlauben, auf Wunsch bei der Selbsttötung behilflich zu sein.

Hoch und heilig wird versprochen, dass dabei alles mit rechten Dingen zugehen soll, schließlich habe das Pflegepersonal enge emotionale Bindungen an sterbewillige Patienten.

Haben wir ähnliche Treueschwüre nicht auch beim Thema Organspende gehört?

Zu Recht betonen die Ärzteverbände, ihr Beruf sei das Heilen, nicht das Töten. Hilfe zum Leben und Hilfe beim Sterben, nicht beim Töten, erwarte ich von einem Mediziner. Als mein Vater mit 87 Jahren nach einem Schlaganfall ins Koma fiel, haben wir uns nach langen Beratungen mit Familie und Ärzten entschlossen, uns an seiner Patientenverfügung zu orientieren: keine lebensverlängernden Maßnahmen. Es wäre für uns jedoch undenkbar gewesen, »dabei nachzuhelfen«. Lebensende gehört in Gottes Hände, das ist meine Auffassung.

Ärzte und Angehörige sollten aber bereit sein, Patienten gehen zu lassen, wenn es Zeit ist. Sie sollen an der Hand von Menschen sterben, nicht durch deren Hand. Die diskutierte aktive Beihilfe zum Selbstmord bricht dagegen ein Tabu – und das macht mir nicht zuletzt wegen der Organspende-Affäre Angst, weil ich ahne, wie schnell der Tod zum Geschäft werden kann.

Ob sich die Befürworter gewerbsmäßiger Sterbehilfe darüber im Klaren sind, dass der Druck auf Pflegebedürftige, »freiwillig« aus dem Leben zu scheiden, größer werden könnte? Gerade weil ich mein Leben selbst bestimmen will, möchte ich den Schutz des Staates und keine Willkür einer Organisation.

Abgeordnete sind
keine Räuberbande

Auf keinen Beruf wird so gnadenlos öffentlich eingedroschen wie auf den des Politikers. Empörungswellen im Internet und pauschales Abwatschen der Volksvertreter, internetdeutsch »Shitstorm« und »Bashing« genannt, sind fast schon ein beliebter Volkssport. Merken wir gar nicht, dass wir damit das Kostbarste zerstören, das »unsere Mütter, unsere Väter« nach der Katastrophe des Zweiten Weltkriegs aufgebaut haben? Die beste Demokratie der Welt, repräsentiert durch frei gewählte Abgeordnete.

Wieder mal geht's ums Geld. Die Diäten der Bundestagsabgeordneten sollen, so rät eine Expertenkommission, künftig jährlich automatisch erhöht werden und sich an der Besoldung von Bundesrichtern – das sind derzeit 8520 Euro brutto – orientieren. Kaum gemeldet, schon der Aufschrei. Als seien Parlamentarier durchweg Absahner und Abzocker, faul und korrupt, geht ein Tsunami der Entrüstung durchs Land. Selbstbedienungsmentalität sei das, und schließlich müsse der kleine Mann seine Lohnerhöhung auch erst erstreiken. Dümmer geht's nimmer!

Es ist längst überfällig, dass Abgeordnetendiäten automatisch angepasst werden, um dem regelmäßigen Ritual des öffentlichen Aufschreis zu entgehen. Ich bin gegen Heimlichtuerei, aber auch dagegen, dass die gut 600 wichtigsten Repräsentanten unserer Demokratie in den Dreck gezogen werden.

Kollegen des *Focus* haben recherchiert, wie häufig Abgeordnete Debatten im Bundestag schwänzen. Es sind so wenige und stets dieselben, dass alle Vorurteile gegen Plenums-Blaumacher wie ein Kartenhaus in sich zusammenfallen. Was Parlamentarier in der Hauptstadt und in ihren Wahlkreisen leisten, das geht weit über die übliche tarifliche Arbeitszeit normaler Arbeitnehmer hinaus. Also Schluss mit Shitstorms und Bashing!

Politiker sollen ein angemessenes Gehalt bekommen, sonst haben wir nur noch Beamte und Funktionäre im Bundestag. Abgeordnete sollten Nebeneinkünfte offenlegen, die zu begrenzen sind. Auch die Altersversorgung muss geregelt werden. Doch dann sollte man sie ihre Arbeit machen lassen und sie so behandeln, wie man selbst behandelt werden möchte. Schließlich sind sie Volksvertreter und keine Räuberbande.

Das Ansehen der Politiker ist tiefer im Keller, als ich geahnt habe

Beinahe jede zweite Leserzuschrift auf meine Kolumne über Abgeordnetengehälter begann mit dem Satz: »Bisher haben wir Ihre Gedanken gern gelesen, doch jetzt ...« Was hatte ich falsch gemacht, hatte ich Verbrecher verteidigt? Ich hatte mir nur erlaubt, für eine gerechte Bezahlung unserer Parlamentarier zu plädieren, und davor gewarnt, die Abgeordneten als höchsten Souverän unserer Demokratie dauernd in den Dreck zu ziehen.

Wie dramatisch muss es um das Ansehen unserer Politiker bestellt sein, dass mir Leser deshalb die Treue kündigen! An solch einen Empörungs-Tsunami kann ich mich in fast zwei Kolumnen-Jahrzehnten nicht erinnern. Vonseiten der Politik bedankte sich allein Unionsfraktionschef Volker Kauder, nur wenige Leser waren meiner Meinung, die meisten spielten »Haut den Lukas«, und das keineswegs mit Pauschal-Argumenten.

Die Politiker als Prügelknaben der Nation statt als vorbildliche Volksvertreter. Absahner und Abzocker seien sie, in Debatten kaum anwesend, weit vom Wahlvolk entfernt und nah an Lobbyisten, überbezahlt und faul.

Wenn ich die Meinung unserer Leser zusammenfasse, wundere ich mich nicht mehr, dass die größte Volkspartei inzwischen die der Nichtwähler ist. Das Ansehen unserer Politiker ist im Keller, und zwar so tief, wie ich es im Traum nicht geahnt hätte.

Da es ja nicht um das Image einer kleinen Klitsche, sondern um den Bestand unserer Demokratie geht: Die Politiker müssen alles daransetzen, den (Vor-)Urteilen der Bürger offen zu begegnen. Nur sie haben es in der Hand, dass ihnen Achtung und nicht Verachtung entgegengebracht wird. Wer vorgibt, das Volk zu vertreten, kann nicht zur Tagesordnung übergehen, wenn er vom Volk verbal derart getreten wird.

Alkohol kostet jährlich 73 000 Deutsche das Leben

Respekt vor dieser Frau! Vor einigen Jahren war Jenny Elvers-Elbertzhagen meine Wunschpartnerin bei einem TV-Quiz.

Mein Kalkül: Sie kennt sich in der Showbranche aus, den Rest schaffe ich. Doch selbst bei Fragen zu Politik und Geschichte war sie nicht zu toppen. Sie hat mehr auf dem Kasten als die Schreiberlinge, die sie als blondes Dummchen hinstellen.

Respekt auch jetzt! Ihre Alkoholbeichte lässt Jenny Elvers in ihrer Schwäche stark erscheinen. Stärker als die »Hochstapler mit ihren Lebenslügen«, wie *Spiegel*-Reporter Jürgen Leinemann jene Alkoholkranken nennt, die überzeugt sind, ihre Sucht verstecken zu können. Er selbst hat auch dazugehört, ähnlich wie der CDU-Politiker Andreas Schockenhoff, der Sänger Peter Maffay, die Schauspieler Katrin Sass, Robert Atzorn oder Heiner Lauterbach. Sie alle haben sich öffentlich bekannt und sind inzwischen trocken.

Es gibt Tugendwächter, die über solche Promis den Stab brechen und sich moralisch entrüsten. Wer nur ein bisschen Ahnung hat, weiß, wie schwer ein solches Bekenntnis fällt. Aber diese Offensive ist nötig, um den Sucht-Teufel Alkohol zu besiegen. Jeder weiß nun, was zu tun ist: Niemals auch nur zu einem Tropfen Alkohol verführen nach dem Motto »Ein Gläschen kann ja wohl nicht schaden«.

In Kantinen und Restaurants, auf Empfängen, Partys und Familienfesten – überall wird Alkohol angeboten. Natürlich steht neben dem Glas Sekt auch eines mit Orangensaft. Doch wer zur Alkohol-Alternative greift, muss sich oft blöde Sprüche anhören. Umgekehrt wäre es richtig!

Alkohol tötet jährlich 73 000 Menschen in Deutschland, berichtet die Bundesregierung. Er zerstört Existenzen und Familien. Wir alle sind mitverantwortlich, denn kaum eine

Krankheit wird so sehr per Verführung durch die Umwelt verursacht wie der Alkoholismus.

Saufbrüder (und -schwestern!) sind keine Stimmungskanonen, sondern arme Schlucker. Sie zu retten, ist Nächstenliebe. Das mutige Bekenntnis von Jenny Elvers kann dabei helfen.

Panik-Deutsche und Wetter-Demokratie

Das Lieblingsthema der Deutschen ist das Wetter. Fällt einem sonst nichts ein im Taxi oder Bahnabteil, das Wetter sorgt immer für unverbindlichen Gesprächsstoff. Dabei kann man stets das gleiche Muster beobachten: Selten sagt jemand, wie toll draußen gerade die Sonne scheint und das Klima prima ist. Wir finden auch bei schönstem Sonnenschein die Schattenseiten des Wetters. Gerade bei diesem Thema erweisen wir Deutschen uns als die, als die wir generell wahrgenommen werden: Weltmeister im Wehklagen. Ein paar Flöckchen werden sofort zur Schneekatastrophe, ein kleiner Glättestau zum Verkehrschaos. Alles ist bei uns immer gleich extrem, unterhalb von Superlativen wie Katastrophe oder Chaos machen wir's in Deutschland nicht.

Erst liegen wir uns wochenlang mit Rudi Carrells Ohrwurm in den Ohren: »Wann wird's mal wieder richtig Sommer?« Und sind die ersehnten Temperaturen erst mal da, dann wettern wir übers Wetter, was das Zeug hält. Zu viel Sonne, zu wenig Abkühlung, unerträgliche Hitze bis in die Nacht ... »Muss es denn gleich so viel sein?« Doch gut, dass es keine Wetter-Demokratie gibt! Denn wem unter den Mecker-fritzen und Miesepetern sollte man es recht machen? Die Bauern wählen den lebenswichtigen Landregen, die Nordsee-urlauber Sonne, die einen wollen es knackig heiß, die anderen lieber kühl ...

Dabei hilft es schon, nicht das Falsche zu essen, zu trinken oder anzuziehen. »Es gibt kein falsches Wetter, es gibt nur falsche Kleidung«, heißt es an der See oder in den Bergen. Doch das gilt generell: Dinge, die man nicht ändern kann, sollte man dankbar annehmen und das Beste draus machen. Und immer an andere denken! Im Vergleich zu den dürren Hungergebieten ohne Wasser oder dem ewigen Eis geht es uns allemal besser. Doch wir Panik-Deutschen machen lieber unserem Ruf alle Ehre und wettern weltmeisterlich. Seien wir doch einfach mal zufrieden!

Ohne Trost verkümmert jede Hoffnung

Es ist der Augenblick, der wie keiner die Ohnmacht der Mächtigen dokumentiert, eine der bewegendsten Szenen des Jahres 2012: Ein Präsident weint. Da steht der mächtigste Mann der Welt hilflos an dem Pult im Weißen Haus, das wir alle vom Fernsehen kennen, wenn es um die große Weltpolitik geht. Und mit ihm weint Amerika, ja die ganze Welt.

Trauer, Entsetzen, Fassungslosigkeit. Es waren nur wenige Minuten, doch es wurde zum schlimmsten Schul-Massaker in der US-Geschichte. 20 Kinder sind unter den 27 Opfern. Kinder, die ihr Leben doch noch vor sich hatten, ausgelöscht von einem Amokläufer, dessen Motive noch im Finsteren liegen. Und das kurz vor Weihnachten, kurz vor dem Fest der Kinder und der Familie.

Können wir noch nicht einmal mehr unsere Kinder beschützen, mitten in einem friedlichen, zivilisierten Land? Selbst Josef hat das vor 2000 Jahren geschafft, als dem neugeborenen Jesuskind der Tod drohte. Was sind die Konsequenzen, die Obama jetzt fordert? Man denkt sofort an das liberale Waffenrecht in den USA, doch ausgerechnet im Bundesstaat Connecticut gilt das schärfste des Landes.

Vorschnell voller Vorurteile sollten wir die Tragödie nicht bewerten, Betroffenheitsrituale nützen wenig, aber ohnmächtig wollen wir auch nicht sein. Dass man jedoch direkt nichts tun kann, auch nicht für die Eltern, Geschwister, Mitschüler, ist es, was einen traurig und hilflos macht. Das letzte »Warum« bleibt ein Geheimnis, aber im Leiden wachsen Mitleiden und Mittrösten.

Einer der ersten Sätze aus der bewegenden Erklärung von Präsident Barack Obama geht mir nicht aus dem Kopf: »Uns ist heute das Herz zerbrochen.«

Daran muss ich denken, wenn ich die Lichterketten, die Adventskränze und Weihnachtsmärkte sehe. Kann man bei solchem Leid noch an Gott und seine Botschaft glauben? Doch, gerade jetzt, denn das Evangelium fasst die Adventsbotschaft so zusammen: »Gott kommt und heilt, die zerbrochenen Herzens sind.«

Ohne diesen Trost endete unsere Hoffnung an unseren Grenzen. Und wie eng die sind, sehen wir an der Schule in Newtown.

Ein Ostalgie-Verbot
brauchen wir nicht

Immer wenn ich in mein Studio am Brandenburger Tor komme, rege ich mich auf. Auf dem Pariser Platz, dem meistbesuchten der Hauptstadt, lassen sich Touristen gern mit ein paar Irren fotografieren, die sich dort täglich in DDR-Uniformen mit der Flagge des untergegangenen Unrechtsstaats postieren. Und die wirren Berlin-Besucher zahlen auch noch Geld dafür. Bei so viel Geschichtsvergessenheit schwillt dem Hahne der Kamm!

Deshalb ist es gut, dass der Berliner CDU-Generalsekretär Kai Wegner fordert, das Tragen von DDR-Symbolen zu verbieten. Volker Kauder hatte das bereits ins Gespräch gebracht, nachdem im Mai 2013 eine Gruppe von Uniformierten des ehemaligen Stasi-Wachregiments im Treptower Park aufmarschiert war. Diese Verhöhnung der Opfer des SED-Regimes schreit zum Himmel. Dagegen muss man etwas tun!

Doch ist ein Verbot wirklich der richtige Weg? Justizministerin Sabine Leutheusser-Schnarrenberger (FDP) lehnt dies im Juli 2013 mit der Begründung ab: »Die Unrechtstaten des SED-Regimes dürfen nicht mit den Gräueltaten des Nationalsozialismus gleichgesetzt werden.« Da hat sie recht. Allerdings ist in Polen, Litauen und Estland das Tragen kommunistischer Symbole in der Öffentlichkeit verboten.

Dass sich deutsche Schulklassen ahnungslos mit diesen »Uniformierten« ablichten lassen, zeugt nicht gerade von gutem Geschichtsunterricht. Laut Umfrage haben viele Jugendliche von der DDR keine Ahnung und halten Honecker für einen Bundeskanzler. Gegen Unkenntnis helfen keine Verbote, da hilft nur stetes Erinnern gegen das Vergessen. Zu Recht warnt Bundespräsident Gauck vor einer Ostalgie, die die Vergangenheit verklärt, statt dass man über die Schrecken aufklärt.

Ich rate jedem Berlin-Touristen, das Stasi-Zuchthaus Hohenschönhausen zu besuchen. Wer die Folterzellen gesehen und die Geschichten der Inhaftierten gehört hat, braucht kein Verbot, um zu wissen, wie man mit Symbolen der DDR umzugehen hat.

Ein hilfloser Staat fördert Selbstjustiz

Ich fühle mich vom Staat im Stich gelassen! Weil die Zahl der Wohnungseinbrüche steigt, empfehlen mir die Behörden per Postwurfsendung, neue Schlösser und neue Fensterrahmen einbauen zu lassen sowie eine Zeitschaltung fürs Licht zu installieren.

Laut Kriminalstatistik wird in Deutschland alle dreieinhalb Minuten in eine Wohnung eingebrochen. Haupttäter sind häufig bestens organisierte Banden aus Osteuropa, die die offenen Grenzen innerhalb der EU ausnutzen. Ende 2015 setzte die Polizei in Nordrhein-Westfalen eine solche Bande mit 32 Tätern fest. Doch solche Festnahmen sind eher selten, weil auf die Polizei immer weniger Verlass ist. Und das nicht, weil sie unfähig oder zu faul ist, sondern weil auf die Beamten bei immer weniger Personal immer mehr Aufgaben zukommen. Also soll ich mich selbst um die Sicherheit meiner Wohnung kümmern, meint der hilflose Staat. Dabei gehört zu den Kernaufgaben des Staates die innere Sicherheit. Auch dafür zahle ich Steuern.

Die mangelnde Fähigkeit der Behörden, uns vor Einbrüchen zu schützen, sorgt für wachsende Umsätze privater Sicherheitsdienste. In manchen abgelegenen Orten wird das bereits per Umlage organisiert. Bürgerwehren als Polizeiersatz. Doch dadurch entsteht eine Parallelgesellschaft. Auf der einen Seite die Wohlhabenden, die sich diesen Luxus leisten können, auf der anderen Geringverdiener, die wieder mal die Dummen und Beklauten sind.

Ich frage die ohnmächtig-hilflose Politik: Wollen wir wirklich amerikanische Verhältnisse, wo jeder seinen Revolver im Schrank hat und folgenlos Selbstjustiz betreiben darf?

Wer für sein Land nicht singt ...
... tut sich schwer mit Siegen

Nach dem verlorenen EM-Halbfinale 2012 gegen Italien schickte mir ein Kollege, von dem ich das gar nicht erwartet hätte, diese SMS: »Und das alles, weil die nicht mitgesungen haben.«

Ja, es stimmt: Die Italiener – und zwar alle, auch Torschütze Balotelli mit ghanaischen Eltern – haben voller Inbrunst ihre Nationalhymne geschmettert. Die meisten unserer Kicker hingegen standen mit zusammengebissenen Zähnen da, als das Deutschlandlied erklang und die Fans im Stadion mitsangen.

Haben wir deshalb das Spiel verloren? Fehlt unseren Jungs der letzte Schuss Patriotismus und das Gefühl, nicht für irgendeinen Verein auf dem Platz zu stehen, sondern für Deutschland? Das Symbol dafür ist nun einmal die Hymne, die zu singen sich mancher anscheinend schämt.

Allein Lahm und Schweinsteiger sangen richtig mit, Neuer bewegte wenigstens die Lippen, die anderen schwiegen eisern, als gehörten sie nicht dazu. Zur Nationalmannschaft gehört die Nationalhymne. Ich kann diese Multikulti-Lyrik nicht ernst nehmen, dass Özil, Khedira und Boateng, allesamt in Deutschland geboren, nicht mitsingen können, weil sie »Verwandte in der alten Heimat ihrer Eltern haben«. Warum tragen sie dann das Trikot mit dem Bundesadler?

Die Italiener zeigten, wie und um was es geht. Sie sangen mit Begeisterung und Leidenschaft, die sich dann auf dem Platz fortsetzte: »Lasst uns die Reihen schließen, wir sind bereit zum Tod. Italien hat gerufen!« Wir Deutschen bringen es noch nicht einmal fertig, eine der schönsten und friedlichsten Hymnen der Welt zu singen: »Einigkeit und Recht und Freiheit ... Brüderlich mit Herz und Hand«.

Unsere Jungs blamieren sich vor aller Welt, wenn die Kameras die starren Gesichter abfilmen. Als hielten sie dieses Ritual für eine überflüssige Lappalie, die ihnen peinlich ist.

Warum dürfen die Straßen von Berlin keine Männernamen mehr bekommen?

Kaum eine Metropole der Welt macht sich mit der Inszenierung von Provinzpossen so lächerlich wie die deutsche

Hauptstadt. Ein weiteres Kapitel: Frauenquote und Straßennamen. Da sollte der Platz vor dem weltbekannten, jährlich von einer Million Touristen besuchten Jüdischen Museum nach Moses Mendelssohn (1729–1789) benannt werden. Doch der berühmte Philosoph und jüdische Aufklärer hat offenbar einen entscheidenden Fehler: Er war ein Mann. Und Männer haben keine Chance mehr, auf ein Namensschild zu kommen, bis nicht mindestens die Hälfte aller Straßen im Berliner Bezirk Friedrichshain-Kreuzberg nach Frauen benannt sind.

Ein weiteres Manko von Mendelssohn: Er war nicht linksradikal. Denn bei Radikalen machen die Kreuzberger mit ihren kulturkämpfenden BlockwartInnen gern mal eine Ausnahme: Trotz Quote gibt es eine Rudi-Dutschke-Straße und inzwischen auch eine für den Hausbesetzer Silvio Mayer. Nur bei einem angesehenen Juden kennen die prinzipienreitenden Provinz-Pedantinnen und -Pedanten kein Pardon, und über Berlin lacht wieder mal die ganze Welt.

Noch peinlicher der Kompromiss: Auf dem Straßenschild findet nun auch die Philosophen-Hausfrau und Mutter von zehn Kindern Platz, dort steht also künftig »Fromet-und-Moses-Mendelssohn-Platz.« Die Kreuzberger Links-Spießer sind also nicht nur fanatisch konsequent, sondern auch noch fantastisch dumm. Denn nun ist die Frau wieder dort, wo die Quote sie doch weghaben wollte: ein Anhängsel ihres Mannes, Funktion: Gattin.

Apropos dumm: Die Grünen hatten als gender-konforme Alternative doch tatsächlich Rahel Varnhagen vorgeschlagen. Doch da die Autorin einst zum Christentum konvertierte, wäre das so, als hätte man den Platz vor der Grünen-Zentrale nach Otto Schily benannt, der die Ökopartei Richtung SPD verließ.

Für die andere Provinzposse ätzt der Historiker Götz Aly nun mit diesem coolen Vorschlag: Ruth-und-Brigitte-Seebacher-und-Willy-Brandt-Flughafen-Berlin-Brandenburg. Wenn es nicht so traurig wäre, könnte man über diesen queren Quoten-Quatsch schmunzeln. Doch provinzielle Peinlichkeit und linkes Spießertum tun nur noch weh.

Was uns die Super-Senioren über 100 lehren

Es war mein erstes TV-Interview. Ich war Mitte 30, gerade am neuen Arbeitsplatz, und sollte den ältesten Deutschen besuchen. Meine Begeisterung hielt sich in Grenzen, erwartete ich doch einen senilen Opa, dem man ein paar sendbare Sätze aus der Nase ziehen müsste. Weit gefehlt!

In seinem Heidelberger Seniorenheim sagte der rüstige Rentner zur Begrüßung: »Stören Sie mich nicht allzu lang, ich bin an meiner vierten juristischen Doktorarbeit.« Mit seinen 108 Jahren war er voller Tatendrang, geistig auf der Höhe und korrekt gekleidet.

Gerontologen der Uni Heidelberg haben eine Studie veröffentlicht, für die sie 112 über Hundertjährige befragt haben. Und diese Arbeit wirft alle (Vor-)Urteile über das Altwerden über den Haufen. Das hat mit einem Wartesaal auf den Tod voller Gebrechen und Gedächtnisverlust wenig zu tun. Natürlich gibt's auch viele Pflegefälle, Demenz und Alzheimer.

Jedoch: »Die allermeisten haben noch Pläne, Ziele und Zukunftsvisionen«, sagt Studienleiterin Daniela Jopp. Sie fühlen sich wie früher 70-Jährige und sind meist zufrieden. Weil sie schon so viel erlebt haben, hauen sie Altersbeschwerden nicht um. Jüngere jammern heute mehr.

Für mich ist die wichtigste Botschaft der Studie, dass niemand Angst vor dem Alter haben muss, wenn er in jungen Jahren richtige Prioritäten setzt. Die Gruppe der Hundertjährigen wird ja immer größer. Ihre Zahl hat sich seit dem Jahr 2000 auf 13 000 verdoppelt, die Hälfte aller nach 1970 geborenen Mädchen hat beste Chancen, den 100. Geburtstag zu feiern.

Damit dieser medizinische Fortschritt insgesamt zu mehr Lebensqualität führt, können wir vom Optimismus der Super-Senioren nur lernen. Das Zusammenleben mit anderen ist entscheidend, so die Studie. Wer im Alter allein lebt, ist deutlich unzufriedener. Am wichtigsten für das Wohlbefinden seien »die Stärken der Seele«. Deshalb sollte man fürs Alter nicht nur materiell und medizinisch vorsorgen. Fitness an Geist und Seele, Freundschaften und Familie bewahren davor, dass die Jahrzehnte nach dem Beruf als pures Warten auf den Tod empfunden werden.

Blöd ohne Bibel

Was denn das bedeute, fragte mich eine junge Kollegin und las mir den Satz aus einem Zeitungskommentar vor: »Nach der Bundestagswahl 2017 ist sogar eine Neuauflage der schwarz-gelben Koalition möglich, vorausgesetzt die FDP macht den Lazarus.« Lazarus?! Noch nie gehört. Der Autor ist ein altlinker früherer Chefredakteur, alt und links. Der hat es noch drauf, der weiß es wenigstens, obwohl er vielleicht nichts glaubt. Es geht um die Geschichte der Auferweckung des Lazarus. Geschichte, Historie! Nachzulesen im Johannesevangelium Kapitel 11! Das Haus, in dem Jesus dieses Wunder tat, wird heute noch in Bethanien gezeigt. Lazarus war mausetot, und seine Schwester Martha brachte es auf die drastische Formel: »Herr, er stinkt schon; denn er hat vier Tage gelegen.« Eine solche Auferstehung von den Mausetoten hält der Kommentator also mit Blick auf die FDP für wahrscheinlich. Dieser Schlenker klingt doch viel interessanter als die übliche Floskel: Mit der FDP ist weiter zu rechnen.

Es sind meist altgediente Politiker oder Journalisten, die das noch draufhaben. Da ist vom »verlorenen Sohn« genauso die Rede wie von Kain und Abel oder der Möglichkeit, dass die Letzten die Ersten sein könnten. Alles nur zu verstehen, wenn man die Bibel kennt, die nicht nur die Grundurkunde des christlichen Glaubens ist, sondern die Grundlage der abendländischen Kultur. Man muss ihr ja nicht glauben, aber sie doch wenigstens kennen. Stattdessen schaffen »fortschrittliche« Politiker, denen der Verstand fortgelaufen ist, den Religionsunterricht ab. Und historische Ignoranten behaupten: »Der Islam gehört zu Deutschland.« Nicht ein Funke Islam hat zu unserer freiheitlichen Demokratie und Kultur beigetragen, nicht mal mit der Lupe wäre das in unserer Historie zu finden.

Alles entstammt dem Alten und Neuen Testament der Bibel. Was Margot Honecker, die sich auch noch Volksbildungsministerin nannte, nicht geschafft hat, erledigen heute demokratisch gewählte Politiker und leider auch oft die Kirchen selbst, deren Hauptangst es ist, als vorgestrig gebrandmarkt zu werden: das Kulturgut Bibel aus unseren Köpfen und Herzen zu verbannen. Finger weg vom Religionsunterricht und von der Bibel! Sonst gibt's noch mehr Bildungsnotstand.

Nach einer Sendung, in der am Rande die Bergpredigt erwähnt wurde, bekam ich folgende Anfrage aus Mecklenburg-Vorpommern: »Lieber Herr Hahne, in Ihrer Sendung wurde eine Bergpredigt erwähnt. Interessant! Können Sie mir bitte Autor und Verlag nennen?« Kein Witz! Trauriger Ernst. Aber das begegnet einem keineswegs nur im Bereich der damaligen DDR. Als ich noch im Rat der Evangelischen Kirche in Deutschland (EKD) saß, erzählte der frühere Hannoversche Landesbischof Horst Hirschler, »wie die Zehn Gebote zu RTL kamen«: Ein Redakteur des TV-Senders rief aus Köln an und fragte: »Es soll da Gebote geben, kennen Sie die?«, und schrie fröhlich in die Konferenz, aus der heraus er anrief: »Wow, ich habe da einen echten Bischof an der Strippe, und der kennt die Gebote.« Hirschler: »Es gibt die Zehn Gebote.« Redakteur: »Waaaaaas, gleich zehn? Das ist ja der Hammer! Können Sie uns die mal mailen?!« Und so kamen die Zehn Gebote zu RTL, resümierte Bischof Hirschler. Als ich seine Nachfolgerin Margot Käßmann einmal interviewen wollte und einer Kollegin sagte, dass wir das wegen des Feiertages machten, meinte sie: »Ach ja, übermorgen ist ja Halloween!« Vom Reformationstag hatte sie noch nie etwas gehört. Dabei leitete Luthers Thesenanschlag von Wittenberg eine geistesgeschichtliche Wende ein, von der wir heute noch leben. Zusammen mit Gutenbergs Buchdruck-Erfindung eine Revolution gigantischen Ausmaßes, weil so die Bibel und Luthers Streitschriften für jeden zu lesen waren.

Ohne Bibel sind wir schlichtweg verblödet, verstehen nur Bahnhof. Sein Licht nicht unter den Scheffel stellen, kein verlorener Sohn sein, es geht einem an die Nieren, es trifft einen ins Herz oder eben »den Lazarus machen«: alles Weisheiten der Bibel, die der Volksmund zu Volksweisheiten machte. Wer die Hintergründe nicht kennt, kann nicht mitreden. Das gilt auch für die Musikszene. Die Gruppe »Boney M« des Saarländers Frank Farian, in den 1970er-Jahren Top in den Hitparaden, erfährt gerade ein nostalgisches Comeback. Kein Mensch versteht den Text von »By the Rivers of Babylon« (An den Flüssen von Babylon) ohne die Bibel, wenn es nämlich heißt: »We wept, when we remembered Zion« (Wir weinten, wenn wir an Zion dachten). Bibelleser wissen mehr! Hinter diesem Buch stecken kluge Köpfe. Hohlköpfe sind die, die meinen, solch ein antikes Buch gehöre ins Museum.

Großer Spott und kleine Brötchen

»Ach, ihr Deutschen!« Selten bin ich in den USA so oft auf unser Land angesprochen worden wie im Kalifornien-Urlaub 2015. Seit über zwanzig Jahren fahre ich in dieselben Orte, treffe dieselben Menschen wieder und habe einen Vergleich über wechselnde Stimmungen und Situationen. Dass die Amerikaner die Wirtschaftskrise nach dem Banken-Crash überwunden haben, sieht man an allen Ecken und Enden. Das hebt die Stimmung im Lande, obwohl die Amis – anders als wir Deutschen – ohnehin nie zur Wehleidigkeit neigen. Weltmeister im Wehklagen, diesen Titel verdienen *wir* uns nach wie vor redlich und verteidigen ihn verbissen.

Jetzt fragt man mich voller Hohn und Spott: »Was ist denn mit euch los? Ihr wisst immer alles besser, gebt auf der Weltbühne den Oberlehrer und kritisiert und karikiert uns Amerikaner als Weltpolizei, aber das mit den Flüchtlingen bekommt ihr nicht gebacken. Ihr öffnet eure Grenzen und wisst noch nicht einmal, wie viele Menschen einreisen und vor allem: wer da in euer Land kommt!« Bei der Ausreise in Los Angeles habe ich sogar mein kleines Bürstchen für die Zahnzwischenräume präsentieren müssen, nach Deutschland können wildfremde Menschen ohne Pass einreisen und die Polizei führt Strichlisten, statt scharf zu kontrollieren. Ich fand keinen einzigen US-Bürger, der für diese »Flüchtlingspolitik nach deutscher Art« auch nur ein Körnchen Verständnis gehabt hätte. Im Gegenteil! In den amerikanischen Zeitungen, in denen Deutschland eigentlich nur mit Minimeldungen vorkommt, stehen Hohn und Spott jetzt auf den Titelseiten und in den Kommentarspalten. Das tut richtig weh.

Nächster Spott-Spruch: Ihr nervt uns mit Umweltschutz und Klimazielen, aber ihr trickst und lügt und liefert uns manipulierte Autos, die unsere Luft vergiften. Der VW-Skandal hat das Vertrauen in »Made in Germany« in den Grundfesten erschüttert. Bisher bewunderte man in den USA die preußischen Tugenden als deutsches Markenzeichen: zuverlässig, glaubwürdig, präzise, ehrlich, hoher Qualitätsstandard der Arbeit. Alles futsch! Es genügte eine Automarke, um alle Branchen zu beschädigen. In Palo Alto oder Menlo Park mit der weltberühmten Stanford-Universität, im sogenannten Silicon Valley mit seinen Computer- und Internetgiganten, gehörte es zum gehobenen Stil, einen »frisierten Käfer« oder einen Porsche vor der Garage stehen zu haben, schön sichtbar als Statussymbol. Das ist jetzt eine Lachnummer wie auf einer Comedy-Bühne.

Der Spott der Amis tut so weh, weil er berechtigt ist. Enttäuschung ist bitterer als Empörung. Ich habe gelernt, ganz kleine Brötchen zu backen, wenn ich mich als Deutscher geoutet habe. Und was ich nie geglaubt hätte: Es half mir, mit der SwissAir geflogen zu sein, sodass ich in der Warteschlange am Zoll zunächst für einen Schweizer gehalten wurde. Die herablassende Kontrolle meines Gepäcks, früher Formsache, begann erst, als ich meinen deutschen Pass vorzeigte.

Ein Politiker rastet aus.
Und ich verstehe ihn gut!

Darf ein Spitzenpolitiker einen Passanten vor laufenden Kameras anpöbeln, wenn der ihn provoziert?

Getan hat das Kurt Beck, der Mainzer Ministerpräsident, mitten in München am Tag der Deutschen Einheit im Oktober 2012. Er gab ein TV-Interview, als ein Student ihm zurief: »Wir Bayern bezahlen den Nürburgring!« Damit traf er zielsicher Becks wundesten Punkt: das von ihm mitverschuldete 330-Millionen-Desaster in der Eifel.

Als der Passant dann noch nachsetzte, auch der »Betzenberg«, also die Heimstätte von Becks Lieblingsverein 1.FC Kaiserslautern, würde von Bayern bezahlt, platzte dem Ministerpräsidenten der Kragen, und alle Sicherungen brannten durch: »Können Sie mal das Maul halten einen Moment, einfach das Maul halten, wenn ich ein Interview mache? Sie sind nicht ehrlich, Sie sind dumm!«

Ich kann nachfühlen, wie das ist, mitten im Getümmel ein konzentriertes Interview zu geben. Da heißt es, Ruhe und Haltung zu bewahren. Ich möchte den sehen, der sich immer unter Kontrolle hat und der nicht die Nerven verliert, wenn man ihn durch Pöbeleien auf die Palme bringt. Ich verstehe die öffentliche Erregung über den ungehaltenen Ministerpräsidenten nicht. Mir ist jemand lieber, der seinem Ärger Luft macht und nicht alles wegsteckt oder überspielt.

So wie Beck bereits 2006, als ein Arbeitsloser ihm zurief: »Weg mit Hartz IV!«, konterte: »Wenn Sie sich waschen und rasieren, dann haben Sie in drei Wochen einen Job!«

Politisch war das unkorrekt, menschlich in Ordnung. Man muss sich nicht von jedem jeden blöden Spruch gefallen lassen.

Ein anderer Pfälzer brachte es mit einem Video seines Ausrasters sogar in die Internet-Charts. Als Helmut Kohl 1991 in Halle/Saale mit Eiern beworfen wurde, verlor er die Beherrschung: Der Kanzler der Einheit rannte auf den Mann zu und packte ihn am Schlafittchen. Solche Wutbürger sind mir lieber als Leisetreter, an denen alles abzuperlen scheint.

Der Schrei,
den keiner hörte

»Holt mich aus dieser schrecklichen Familie!« Dieser Hilfe-
schrei der elfjährigen Chantal an ihren leiblichen Vater wurde nicht erhört. Sie blieb deshalb bei ihren drogenabhängi-
gen Pflegeeltern und starb an einer Methadon-Vergiftung.

Und alles, was ich jetzt schreibe, wird das arme Mädchen
nicht wieder lebendig machen. Doch der Aufschrei von mir
und vielen anderen ist nötig, damit endlich etwas passiert
und Chantals Schicksal noch halbwegs einen Sinn bekommt.
Wie lange soll es noch so weitergehen, dass hilflose Kinder
wie Pascal, Jessica, Lara oder jetzt Chantal leiden und sterben
müssen, weil alle wegsehen?

Und natürlich will es auch diesmal wieder keiner gewesen sein, niemand will etwas gewusst haben. Wenn das wirklich stimmt, sollte man die verantwortlichen Mitarbeiter des
Hamburger Jugendamtes wegen Unfähigkeit und Fahrlässig-
keit hinter Gitter bringen. Chantal kam aus dem Drogenmilieu, doppelte Vorsicht wäre geboten gewesen. Und sie wurde von der Behörde zu Pflegeeltern gegeben, die seit Jahren in
einem Methadon-Programm für Heroinabhängige sind.

Ich behaupte jetzt einfach mal, dass diese Leute bei ihrer
Vorgeschichte an keinem Sixt-Schalter einen Leihwagen bekommen und an keinem Bankschalter einen Kleinkredit.
Aber die Behörden in Hamburg geben ihnen ein Kinderleben
in Obhut – plus 828 Euro monatlich.

Sind die, auf die wir uns von Amts wegen verlassen, von

allen guten Geistern verlassen? Sind sie überfordert, überlastet, unfähig oder von gefährlicher Gedankenlosigkeit? Keiner Amtsperson will aufgefallen sein, dass die Mutter ein Wrack und die Wohnung verwahrlost war. Die Tragödie Chantal ist auch ein Skandal Jugendamt.

In den Hochglanzbroschüren der Behörden ist von Betreuern die Rede, die besuchen, begleiten, beraten. Die traurige Wahrheit ist wieder einmal ein totes Kind. Und wenn Nachbarn jetzt in die TV-Mikrofone posaunen, die Familienprobleme seien bekannt gewesen: Wo waren sie denn, wo waren Chantals Lehrer oder Mitschüler?

Wer wegsieht, ist mitschuldig. Und diese Schuld wird nicht verjähren.

Erst Chantal, jetzt Zoe.
Und was tun wir?

Nach Chantal nun Zoe. Nach der Elfjährigen, die in Hamburg an einer Überdosis Methadon starb, nun der Tod einer Zweijährigen in Berlin, im Kinderbettchen gestorben an den Folgen eines Dammrisses, allein gelassen von den Eltern.

Beide Mädchen standen unter der Obhut des Jugendamtes. Sind die, auf die wir uns von Amts wegen verlassen, von allen guten Geistern verlassen, fragte ich in einer Kolumne. Es scheint so, wie nicht nur das Schicksal von Zoe erneut beweist.

Hunderte von Briefen, Faxen und Mails erreichten mich, unter voller Adresse, aber mit der Bitte um Vertraulichkeit. Mit einer Mischung aus Wut und Weinen lese ich erschütternde Berichte von Pflegeeltern und -kindern, von Jugend-amt-Mitarbeitern und Politikern. Es sei ja alles viel schlimmer, als von mir dargestellt. Man sei dankbar, dass die Unfähigkeit der Behörden durch *Bild am Sonntag* öffentlich gemacht wird.

Viele Pflegeeltern berichten, bei ihnen hätte sich das Amt nie blicken lassen, nie habe eine Kontrolle stattgefunden oder ein Überraschungsbesuch.

Marion B. schreibt, die 828 Euro monatlich hätten ihre Pflegeeltern für alles Mögliche ausgegeben, nur nicht für sie, die »wie ein Dienstmädchen gehalten« worden sei. Ehemalige Pflegekinder erzählen, wie sie misshandelt, missbraucht und eingesperrt wurden. Und in den Behörden habe bei Beschwerden einer den anderen gedeckt.

Die mangelnde Vernetzung von Jugendamt, Schule, Amtsvormund und Eltern sei das Hauptproblem, schreibt ein ehemaliger Jugendamt-Abteilungsleiter: »Es gibt keine richtige Kontrolle, alle stecken unter einer Decke.«

»Wir haben Angst um andere Kinder in ähnlicher Situation«, mailte mir jemand, der im Hamburger Drogenmilieu arbeitet und Chantal und ihre Pflegeeltern kennt. »Es hilft nur ein Aufschrei in der Presse, denn Politik und Behörden versagen«, fordert der Beamte Jürgen von B. Was wir bräuchten, meint er, sind bundeseinheitliche Standards für Pflegeeltern und effektivere Kontrollen.

Aber natürlich können auch alle weitermachen wie bisher. Und zusehen, wie die Menschlichkeit verreckt. Vielleicht hat am Ende ja wenigstens noch irgendeiner Lust, sie zu begraben.

Ein Auto, das Mama und Papa sagen
kann, ist noch nicht erfunden

Das waren noch Zeiten! Als der Bundestag 1957 über Renten und Familienförderung diskutierte, wischte Kanzler Konrad Adenauer alle Argumente mit einem Satz vom Tisch: »Kinder kriegen die Leute immer.«

Pustekuchen! Im Jahr 2011 gab es in Deutschland die geringste Geburtenrate aller Zeiten, selbst im Krieg kamen mehr Kinder zur Welt. Trotz Kita-Ausbau, Ganztagsschulen, Elterngeld – kein Kindersegen. Der erhoffte Babyboom blieb aus.

Woran liegt es, dass ausgerechnet in dem Staat, der am meisten Geld für Familien ausgibt, die wenigsten Kinder geboren werden? Als Großfamilie gilt man als asozial, bekommt schwer eine Wohnung, kann sich kaum Urlaub leisten, so wird argumentiert.

Dagegen sprechen Erfahrungen aus den USA: Obwohl dort die Gebühren für Kitas und Schulen pro Kind dem Wert eines dicken Autos entsprechen, liegt die Geburtenrate deutlich über unserer. Dort gehört die Mehrkinder-Familie zum guten Ton; sie ist ein Statussymbol. Ein Single als Politiker kann sich den Wahlkampf gleich sparen. Und bei uns haben 50 Prozent der Akademiker keine Kinder mehr.

Alle finanziellen Anreize haben also nichts gebracht, selbst die Babypause für Väter nicht. Aber vielleicht liegt es gar nicht am Geld, sondern daran, dass man sich immer später bindet, zu spät für den Kinderwunsch. Die liberale *Süd-*

deutsche Zeitung kommentiert: »Das Ja zum Kind wird weit stärker von gesellschaftlichen, religiösen und individuellen Faktoren beeinflusst als von finanziellen.«

Viele empfinden Kinder als Last, nicht als Lust; mehr als Minderung ihrer Lebensqualität denn als Glück. Und es werden immer mehr, die es später bitter bereuen, dass ihnen der Mut zum Kind fehlte. Doch woher soll der kommen, wenn man gegen Kitas in Wohngebieten klagen kann oder Kinderlachen als Kinderlärm empfunden wird? Wenn Vermieter Singles bevorzugen und Familien in der Arbeitswelt keine Rolle spielen?

Wir müssen endlich über etwas anderes reden als über Geld: Wenn Kinderlärm Zukunftsmusik ist, dann herrscht bei uns bald Friedhofsruhe. Die schönste Kreuzfahrt kann den Enkel nicht ersetzen; und ein Auto, das Mama und Papa sagen kann, ist noch nicht erfunden. Armes reiches Deutschland!

Brauchen wir wirklich Polizei an unseren Schulen?

Ich weiß noch, wie stolz ich war, als ich das erste Mal allein zur Schule gehen durfte, ohne Begleitung von Mutter oder Vater. Die trauten mir zu, dass ich auf mich selbst aufpassen konnte. Und waren sicher, dass mir in der Schule nichts passiert. In Berlin haben Eltern jetzt Angst, ihre Kinder aus den Augen zu lassen. Selbst im Schulgebäude lauert die Gefahr. Dreimal haben unbekannte Männer versucht, Mädchen Gewalt anzutun, um sie auf der Schultoilette sexuell zu missbrauchen; nur zweimal konnte Schlimmstes verhindert werden.

Verständlich, dass der Ruf nach mehr Sicherheit, nach Polizei und Aufsicht laut wird. Doch soll man die Schulen in einen Hochsicherheitstrakt verwandeln? Gibt es den Kindern ein gutes Gefühl, in einem Gefängnis unterrichtet zu werden? Natürlich ist es ein Skandal, wenn wir erst nach solchen Vorfällen merken, wie verheerend sich die Sparmaßnahmen auswirken.

Nun erkennen wir lebensbedrohliche Mängel: Hausmeister sind oft Teilzeitkräfte, Sekretariate unbesetzt, Türen und Zäune so marode, dass sie niemanden abhalten können, der sich an Kinder heranmachen will. Hier muss sofort etwas passieren, und wenn kein Geld da ist, muss an anderen Stellen gespart werden. Doch das eigentliche Problem liegt tiefer: Wir brauchen wieder Klassengemeinschaften, in denen man aufeinander aufpasst, sich umeinander kümmert. Dass ältere Schüler sich für die kleineren verantwortlich fühlen, dass man nicht weghört, wenn ein anderer um Hilfe ruft.

Was heute unserer Gesellschaft insgesamt an Gemeinsinn und Verantwortung fehlt, hatten wir früher besser drauf. Doch bevor wir Älteren triumphieren: Wäre es zum Beispiel nicht eine tolle Aufgabe für Senioren, während des Unterrichts Kontrollgänge in den Schulen zu machen oder Nachbarskinder auf dem Schulweg zu begleiten? Wenn sich jeder mehr um den anderen kümmert, verringern wir zumindest die nackte Angst, die heute herrscht. Kinder müssen das Gefühl haben: Meine Schule ist ein sicherer Ort!

Quoten-Quatsch
schadet den Frauen

Wie man das Frauen-Quoten-Thema ad absurdum führt und ein Anliegen ins Lächerliche zieht, demonstrierte 2014 die Berliner Humboldt-Universität.

Zur »Verbesserung der Studienbedingungen«, also um endlich mehr Lehrkräfte für immer mehr Studenten zu haben, war die Stelle eines Mathematik-Professors ausgeschrieben. Allerdings mit dem »Ziel der Förderung der Chancengleichheit von Frauen«. Im Klartext: Männer brauchen sich erst gar nicht zu bewerben, was die Uni auch unumwunden zugibt.

Weil sich aber kaum Frauen bewarben, die sie für geeignet hielten, setzte die Auswahlkommission einen Mann auf Platz eins. Doch der international anerkannte Wissenschaftler kann zu Hause bleiben. Die Uni verzichtete lieber auf die dringend benötigte Stelle, als einen Mann zu berufen.

Damit hebelte man auch noch schnell das Grundgesetz aus, das »Eignung« als einziges Kriterium für die Berufung in den öffentlichen Dienst nennt. Den Unsinn zu Ende gedacht, bedeutet das: Eine Herz-OP kann demnächst nicht stattfinden, weil keine Frau im Ärzteteam ist, und die Feuerwehr bleibt in der Garage, weil man die Quote gerade nicht erfüllt. Wer zeigt den Ideologinnen und Ideologen endlich die Rote Karte? Dieser Quoten-Quatsch schadet nur denen, die sich mit guten Argumenten für mehr Frauen in führenden Positionen einsetzen.

Alt, arm, abgeschoben –
muss das sein?

Nichts ist schlimmer als die Verlogenheiten auf Beerdigungen oder Abschiedsfeiern. Klar sagt man über Tote nur Gutes und über Jubilare nur Schönes – doch das hätten die sich wahrscheinlich zu Zeiten ihres aktiven Lebens lieber gewünscht statt jetzt, wo alles vorbei ist. Aber am schlimmsten ist es, wenn ein gestern noch rüstiger, tatendurstiger und geistessprühender Mitarbeiter oder Chef in den Lebens-»Abend« geschickt wird und mit einer Angel, einem Schachbrett oder einem Bücherberg, vor allem aber mit salbungsvollen Worten verabschiedet wird. Nach Achtstundentagen, nach vielen Überstunden und Wochenendbereitschaften jetzt Knall auf Fall im Lehnstuhl lesen oder am rauschenden Bach geduldig auf Fische warten ... Prost Mahlzeit! Dabei fehlt zunehmend das Geld, um »die Rente« genießen zu können.

Ein Gutes hat die vielbeklagte leere Rentenkasse allerdings: Von einer gesetzlich festgelegten Regel-Altersgrenze muss man Abschied nehmen. Viele brauchen mehr Arbeitsjahre, weil die Rente sonst nicht reicht. Es ist ein Skandal, dass für alles Geld da ist, nur der in Abschiedsfeiern so gern beschworene »verdiente Ruhestand« unbezahlbar wird. Jeder, der aufhören will oder es gesundheitlich muss, sollte von seiner Rente leben können. Doch für die, die gerne weitermachen würden und es nicht durften, weil Altersgrenze und Jugendwahn Hand in Hand eine Weiterbeschäftigung verhinderten, eröffnen sich neue Perspektiven. Es sind ja diese abschreckenden Beispiele, die dazu anspornen – auch in meinem Umfeld erlebe ich das: Aus einem dynamischen Kollegen, der partout in den Vorruhestand wollte, ist ein langweiliger, früh gealterter Mann geworden.

Nein, viele wollen weitermachen, weil wir Heutigen immer älter werden und im Alter immer länger gesund bleiben. Man will gebraucht werden, nicht abgeschoben. Unsere Gesellschaft verzichtet auf »eine Fracht von Lebenserfahrung«, so der Schöpfer des Kleinen Prinzen, Antoine de Saint-Exupéry, wenn sie das Potenzial berufserfahrener, rüstiger Rentner brachliegen lässt. In Notzeiten zieht zum Beispiel oft nur der »Bellheim-Effekt«, wo man die Alten wieder zurückholt, um zu helfen oder zu retten. In der Flüchtlingskrise ist man doch froh, dass Pensionäre mit ihrer Erfahrung schnell und unkompliziert einspringen. »Ausschlafen kann ich, wenn ich tot bin«, sagte einer in die TV-Kameras.

Wir machen uns selbst arm, wenn wir die reiche Kompetenz der Älteren nicht nutzen. Und wir sind schuld, wenn Zwangsruheständler in ein tiefes Loch fallen, krank und depressiv werden, weil sie sich ausgemustert und nutzlos fühlen. Schade, dass das erst bei leeren Rentenkassen auffällt. Doch lieber spät als nie.

Inkompetent, aber dreist: Klaus Wowereit im Sinkflug

Alle Welt spottet über Berlin. Das Flughafen-Debakel liefert reichlich Stoff für Kabarett und Kommentare, das Markenzeichen »Made in Germany« ist international beschädigt, und die Bewunderung für unsere im Ausland geschätzten »preußischen Tugenden« ist erst mal dahin.

Zerstört ausgerechnet in einer Region, die vor einiger Zeit noch Friedrich den Großen gefeiert hat. Pünktlichkeit und Fleiß als Qualitätsmerkmal, davon kann man nun nicht mehr sprechen, ohne rot zu werden.

Viel schlimmer finde ich jedoch, dass Tugenden wie Anstand, Verantwortung und Vertrauen auch nichts mehr gelten. Damit hätten die politischen Aufsichtsräte wenigstens noch glänzen können, allen voran Klaus Wowereit, der ehemalige Regierende Bürgermeister von Berlin. Zehn Jahre lang saß er für das Land Berlin im Aufsichtsrat der Flughafen Berlin Brandenburg GmbH, davon sieben Jahre als Aufsichtsratsvorsitzender. Und er, als Hauptverantwortlicher, will wirklich nichts bemerkt haben von einem Chaos, über das monatelang die Zeitungen berichteten? Das deutsche Ur-Gen kommt auch in dieser Geschichte wieder durch: Wir waren nicht dabei; zumindest haben wir von alledem nichts gewusst. »Arm, aber sexy«? Ich sage: »Inkompetent, aber dreist«!

Die vermeintliche Lässigkeit, mit der Nichtwissen und Nichthandeln kaschiert werden, tut regelrecht weh

Alles läuft nach der bewährten Masche, nach der unser Politikbetrieb bis zur Politiker-Verdrossenheit gestrickt wird: Man sucht sich ein Bauernopfer und spielt selbst den Ahnungslosen. Ich kann diese Floskeln von »Licht ins Dunkel bringen« und »schonungslose Aufklärung« nicht mehr hören. Nicht wie schonungslos, sondern wie ahnungslos darfst du als Chef eigentlich sein, ohne Konsequenzen zu ziehen oder dich zumindest öffentlich zu hinterfragen?

Es mag für einen Politiker eine Zeit lang ganz charmant sein, sich über alles erstaunt zu zeigen, was bei diesem Milliardenprojekt nicht geklappt hat. Im normalen Leben gibt es für so etwas allerdings nur einen Oberbegriff, und der ist völlig unpreußisch: Führungsschwäche.

Sind Pflicht und Verantwortung Tugenden ohne Konjunktur?

Die beiden italienischen Kapitäne Gregorio De Falco und Francesco Schettino sind untrennbar mit der Katastrophe des Kreuzfahrtschiffes »Costa Concordia« verbunden, auf höchst unterschiedliche Weise allerdings.

Kapitän Schettino verließ sein sinkendes Schiff, das er vorher auf einen Felsen gesetzt hatte, als einer der Ersten. Kapitän De Falco versuchte aus dem Hafenamt in Livorno, den Kollegen zur Umkehr zu bewegen, und leitete schließlich von Land aus die Rettungsmaßnahmen.

Das Telefonat der beiden ging um die Welt, ist ein Hit im Internet und beweist geradezu exemplarisch, was in uns Menschen steckt: Feigling und Held, Verantwortung und Egoismus, Flucht und Pflicht.

Schettino wird sich lange nicht mehr auf der Straße blicken lassen können, der Kollege hat bereits Internet-Fanseiten wie »De Falco for president« oder »Santo subito,« also die sofortige Heiligsprechung. Der Bejubelte wehrt alle Heldenverehrung ab: »Ich habe doch nur meine Pflicht getan!«

Pflicht, Verantwortung, Berufsehre – Fremdwörter, Tugenden ohne Konjunktur im Alltag. Nicht nur Polit-Prominente leben nach eigenen Gesetzen, viele machen es sich zulasten ihrer Kollegen bequem. Sie kennen ihre Rechte, wissen aber nichts von Pflicht.

Muss ich mich mit einem Schreibtischjob wegen eines gebrochenen Fußes wochenlang krankschreiben lassen, während die Kollegen die Mehrarbeit haben? Ist die Firma ein Selbstbedienungsladen für Privates, vom Telefon bis zur PC-Nutzung, wofür letztlich alle büßen und bezahlen müssen? Für kollegiale Standards und berufliche Regeln bedarf es keiner Gesetze, sondern Anstand und Herzensbildung.

In Thomas Manns Roman *Buddenbrooks* rät der alte Chef seinem Sohn: »Sei mit Lust bei den Geschäften am Tag. Aber mach nur solche, bei denen du nachts ruhig schlafen kannst.« Mehr braucht's nicht.

Sprachpflege und Schrott-Wörter

Das war schon ein herber Schlag, denn beides las ich auf einer einzigen Titelseite einer sogenannten Qualitätszeitung: »Streik vorprogrammiert« und »Lehrerverbandschef entschuldigt sich«. Es regt mich auf, wenn bestimmte deutsche Wörter immer wieder falsch gebraucht werden. Selbst in Rundfunk-Nachrichten oder Feuilletons, wo meist Leute an den Schalthebeln sitzen, die allesamt eine akademische Ausbildung vorweisen können! Vorprogrammiert ist ein Unwort. Ich habe noch jeden Kollegen in der Luft zerrissen, der mir das in ein Manuskript geschrieben hat. Vorprogrammiert ist ein weißer Schimmel. Jeder Programmierer weiß, dass man immer im Voraus programmiert – wohin denn sonst?! Pro (lateinisch) heißt ja »vor«, vorprogrammiert ist also ein Pleonasmus oder zu gut Deutsch: doppelt gemoppelter Unsinn. Richtig heißt es schlicht und ergreifend: programmiert.

Bis in die Spitzen unserer Gesellschaft hinein wird das Wort »Entschuldigung« falsch gebraucht, wenn man jemand um Verzeihung bitten will. Sorry, aber »Entschuldigung« gibt's nicht, das ist auch ein Unwort. Meist wird es ja sogar noch reduziert auf »Tschulljunk«. Entschuldigen kann mich, und so viel Deutsch sollte man verstehen, nur der, dem ich etwas schulde. Will sagen: Wenn mir etwas leidtut, kann *ich* nicht sagen »Entschuldigung«, sondern nur der andere. Ich kann nur um Entschuldigung bitten, die mir der andere dann gewähren kann.

Selbst in Rücktrittserklärungen von Spitzenpolitikern kommt es vor, dass da jemand – ans Volk gerichtet – sagt: Ich entschuldige mich. Das ist schön und gut, dass er oder sie sich entschuldigt. Diese Selbsterlösung ist jedoch sprachlicher Unsinn. Vielmehr muss es heißen: Ich bitte die Bürgerinnen und Bürger um Entschuldigung, weil ich dies oder jenes falsch gemacht habe. »Entschuldigung!« geht einem eben leichter über die Lippen, als darum ausdrücklich zu bitten.

Zur Höflichkeit kommt auch noch der Aspekt, den das schöne Wort »Sprachpflege« beschreibt. Wer etwas pflegt, und sei es den Rasen oder den Birnbaum im Garten, betreibt Kultur, weil er etwas kultiviert, also veredelt. Pflegen wir also unsere schöne Sprache, bevor alle so sprechen wie Micky Maus oder Tweets und Twitter!

Solange wir vorgeben, Deutsch zu sprechen und zu schreiben, müssen wir uns schon an die Sprache und deren Bedeutung halten, sonst können wir auch Englisch oder Suaheli sprechen. Also, ihr lieben Vorbilder aus Staat und Gesellschaft, die ihr Zeitungsartikel, Nachrichtensendungen oder politische Erklärungen textet: Bitte, »vorprogrammiert« und »Entschuldigung« aus dem Wortschatz streichen. Denn dieser sprachliche Nonsens ist kein Schatz, sondern Schrott.

Wie sinnvoll ist ein Gesetz, das Biertrinken in der Bahn verbietet?

Fragt man, wie ich in meinem USA-Urlaub, die Amerikaner nach den typisch deutschen Eigenschaften, hört man immer wieder: Ihr seid pünktlich, fleißig und kriegt alles geregelt. Ist der Deutsche mit seinem Latein am Ende, handelt er frei nach Heinz Erhardts »Noch 'n Gedicht« nach der Devise »Noch 'n Gesetz«. Also geht es jetzt den Trinkern in Bussen und Bahnen an den Kragen.

Ausgerechnet die Freie Hansestadt Hamburg, das Tor zur Welt, verbietet ab sofort Alkohol in öffentlichen Verkehrsmitteln; will das kontrollieren und notfalls bestrafen. In Berlin hingegen, der hippen Hauptstadt, zählen sogar Politiker den S-Bahn-Suff zum »Lifestyle« und denken gar nicht an Sanktionen.

Beides ist dumm, verharmlosen genauso wie verbieten. Natürlich stören mich pöbelnde Trinker, die grölend in Busse und Bahnen einfallen. Doch die populistische Verbots-mafia sollte wissen: Die Bahnattacken, von der Prügelei bis zum Totschlag, wurden von Leuten verübt, die schon vor Antritt ihrer Fahrt betrunken waren.

Und wo ist die Logik eines Alkoholverbots, wenn manche U-Bahn-Stationen und die meisten Hauptbahnhöfe riesigen Einkaufszentren (auch für Schnaps und Bier!) mit angeschlossenen Gleisen gleichen? Und es ist doch gerade die Bahn, die in ihren rollenden Zug-Bistros und ICE-Restaurants Millionen Euro mit dem Verkauf von Alkohol verdient.

Wenn ein Arbeiter nach Feierabend mit der Bierdose im S-Bahn-Abteil hockt, stört mich der erst mal überhaupt nicht. Einschreiten muss man bei rücksichtsloser Gewalt. Dazu brauchen wir aber keine neuen Gesetze, dazu reichen die alten vollkommen aus. Zumal ich immer häufiger den Eindruck habe, dass unsere Polizei schon mit dem Überwachen der geltenden Vorschriften überfordert ist. Wer meint, dass Verbote Verhalten ändern, hat keine Ahnung von der Realität.

Aber Realitätsferne ist wahrscheinlich das einzige Ärgernis, gegen das es in Deutschland noch lange kein Gesetz geben wird.

Jeder kann helfen, die Erwärmung der Erde zu reduzieren!

Ist die Welt noch zu retten? Wer den Weltklimabericht der UNO liest, bekommt da so seine Zweifel.

Auf 2000 Seiten schildern 800 Experten aus 195 Ländern

unsere heutige Situation und rechnen mit der oft tatenlosen Politik ab. Die Erderwärmung ist geringer als erwartet, doch für die Zukunft droht ein Anstieg der Meeresspiegel, der europäische Küsten und Inseln wie die Malediven genauso vernichten könnte wie ganze Länder in Afrika.

Wenn ich zum Skilaufen ins Wallis fahre, sehe ich, wie der Aletsch-Gletscher Jahr für Jahr kleiner wird. Die Apfelernte beginnt immer früher, die Vögel kehren zeitiger aus den Winterquartieren zurück. Man muss nur Augen im Kopf haben und das Hirn einschalten, dann merkt man, was los ist mit unserer Welt. Wer dem Weltklimabericht nicht glaubt, sollte sich die Zahlen der Versicherungsbranche anschauen: Die dramatisch zunehmenden »extremen Wetterereignisse« wie Überschwemmungen, Tsunamis oder Dürreperioden verursachen Milliardenschäden.

Ich bin gegen Angstmacherei, denn Angst lähmt und ist ein schlechter Ratgeber. Weder die rosarote Brille der Zweckoptimisten noch populistischer Pessimismus helfen, allein Realismus ist nötig. Der Klimabericht mahnt alle Staaten, ihren CO_2-Ausstoß drastisch zu reduzieren.

Der Staat ist die Summe seiner Bürger. Jeder kann dazu beitragen, die Schöpfung zu bewahren und sie nicht mutwillig zu zerstören. Weniger Strom verbrauchen! Überflüssige Elektrogeräte abschaffen! Umweltfreundliche Waschmaschinen und Autos kaufen! Wasser sparen!

Wer jetzt nicht handelt, gefährdet die Zukunft kommender Generationen. Dann könnte das geflügelte Wort »Nach uns die Sintflut« bittere Wirklichkeit werden.

Warum bekommen unsere Polizisten nicht mehr den Respekt, den sie verdienen?

Früher seien sie bloß die »Bullen« gewesen, doch heute spucken uns Jugendliche vor die Füße und ertappte Raser strecken uns den Mittelfinger entgegen, erzählt mir ein Polizist aus seinem Alltag.

Der Mann ist mit Leib und Seele Polizist, doch jetzt ist seine Seele verletzt. Nie habe er sich einen anderen Beruf für sich vorstellen können, doch nach 24 Dienstjahren fragt er sich, ob das alles nicht ein großer Irrtum war: »Die Leute haben keinen Respekt mehr vor uns.«

Viele sehen rot, sobald die Frauen und Männer in Grün oder Blau anrücken. Beschimpfungen sind noch das Harmloseste, oft enden die Pöbeleien handgreiflich. »Die Hemmschwelle, einen Beamten zu attackieren, gibt es so gut wie gar nicht mehr«, meint ein Polizeisprecher gegenüber dem *Hamburger Abendblatt*. Den Kollegen liegt eine interne Polizeistudie vor, die diese Einschätzung bestätigt.

Es sind vor allem Jugendliche, die keinen Unterschied zwischen einem Ordnungshüter und einem Chaoten aus ihrer Gang machen. Das Schlimme: Quer durch alle sozialen Schichten und Altersgruppen geht diese Respektlosigkeit.

Die Uniform ist schon längst kein schützendes Symbol mehr. Im Gegenteil, viele begegnen den Schutzleuten, wie sie einmal hießen, voller Hass und Verachtung.

Meine erste Begegnung mit der Polizei war in der Grundschule im Verkehrskindergarten, und da erschienen die Beamten als Freund und Helfer. Genau das ist doch ihre Kern-aufgabe. Es geht nicht nur um Verbrechensbekämpfung, die Polizei macht die Drecksarbeit unserer Gesellschaft. Familienstreit, Partylärm, Schlägereien; die Polizei soll es richten und schlichten und wird wie selbstverständlich gerufen. Nicht wenige sind es, die diesem Stress psychisch nicht mehr gewachsen sind.

Wenn man diesen Polizeibeamten den Respekt entzieht, ist etwas faul in unserer Gesellschaft. Dass man im Getümmel einer Demo mal einen abkriegt, gehört zu ihrem Berufs-risiko. Dass ihnen der besser verdienende Cabrio-Fahrer den Vogel zeigt und pubertierende Jüngelchen vor ihnen ausspucken, geht entschieden zu weit. Da helfen keine Image-Kampagnen, sondern Erziehung, Vorbild und notfalls die klare Kante.

Wer mit Liebe schenkt, braucht keine Gutscheine

Obwohl das Wetter noch nicht so richtig mitspielt, ist der-zeit nichts schöner als ein Adventsbummel durch die beleuchteten Straßen. Festlich dekorierte Schaufenster, die uns zum Träumen verlocken; Weihnachtsmärkte mit all dem Geschnitzten und Gedrechselten, den kleinen Gaben und Geschenken, mit denen man sich und anderen eine Freude machen kann.

Doch die Deutschen schenken ihren Liebsten am liebsten Gutscheine zum Fest der Liebe. Wie lieblos.

Das Institut TNS-Infratest ermittelte, dass nicht Bücher,

CDs, Schmuck oder Parfüm die Renner unter den Weihnachtspräsenten sind, sondern Gutscheine.

Wer sich die Werbung anschaut, merkt, wie rasch sich der Handel darauf eingestellt hat. Im Schaufenster liegen zwar bunt verpackte Waren, doch in den Geschäften und im Internet werden längst die Gutscheine angepriesen. Laut Marktforschung ist das Gutscheingeschenk kein bloßer Trend mehr bei uns, sondern gelebter Standard.

Wem nichts anderes einfällt, als einen bedruckten Zettel zu verschenken, ist faul im Hirn und träge im Herzen. Denn der Sinn von Geschenken ist es doch gerade, sich in den anderen hineinzuversetzen, seine Wünsche zu erahnen und sich dafür zu interessieren, womit man ihm die größte Freude machen kann. Nur so kann ein Geschenk persönlich sein. Weihnachten nach dem fantasielosen Motto »Kauf dir selbst, wozu du gerade Lust hast«? Wer so denkt, sollte sich das Schenken am besten gleich ganz schenken.

Wer sich dagegen Gedanken über Geschenke macht, landet nicht bei lästigen Pflicht-, Umtausch- oder Angeberpräsenten und erst recht nicht bei Gutscheinen. Man kann auch heute noch mit wenig Geld viel Freude machen, wenn man sich etwas Ausgefallenes einfallen lässt

Das Weihnachtspräsent ist wie eine Visitenkarte – dichtet Joachim Ringelnatz: »Schenke mit Geist ohne List. Sei eingedenk, dass dein Geschenk du selber bist.«

Übrigens: Weihnachten ist der Geburtstag von Jesus Christus. Gott hat der Welt in Bethlehem vor 2000 Jahren auch keinen Gutschein zum Glück, sondern zum Glück seinen Sohn geschenkt.

In unserem Land ist der Begriff »Rentner« zum Schimpfwort geworden. Wieso eigentlich?

Im Rentner-Paradies räkelt sich das Rentner-Publikum nach dem Rentner-Programm ermattet in den Liegestühlen; eine Strandkorb-Idylle wie zu Großmutters Zeiten.

Diese Sätze stammen nicht von einer Senioren-Kaffeefahrt mit Heizdecken-Verkauf, es handelt sich um Medienkritik am *ZDF*, das sein Studio zur Fußball-EM auf der Ostseeinsel Usedom aufgebaut hatte.

Wem Ort, Moderatoren oder Art der Sendung nicht gefallen, kann das äußern, wir haben Meinungsfreiheit. Doch dieser Stil verbietet sich, wenn man noch weiß, was die Würde des Menschen bedeutet.

Woher kommt eigentlich dieser Reflex, alles, was man für altbacken, lahm und langweilig hält, mit dem Begriff »Rentner« zu etikettieren? Passt einem beim Autofahren das Tempo des Vordermannes nicht, ruft man entnervt: »Der fährt ja wie mein Opa!« Wird auf einer Almhütte Volksmusik gespielt, spricht man vom Rentner-Vergnügen.

Dieses Senioren-Bashing und Rentner-Mobbing hängt mir genauso zum Hals heraus wie das dauernde Gerede vom Stammtisch-Niveau. Statt zu sagen, eine Debatte ist dumpf, konservativ oder populistisch, zieht man den »Stammtisch« aus dem rhetorischen Arsenal und damit in den Dreck.

Millionen Stammtischbrüder werden diffamiert. Meist von Leuten, die sich sonst in politischer Korrektheit von niemandem übertreffen lassen. »Das ist doch was für Hausfrauen« ist genauso abfällig gemeint wie ebenjene Rentner, die für alles herhalten müssen, was ganz, ganz spießig ist.

Und was Usedom angeht: Liegestühle, Strandkörbe und Sandburgen allein den Senioren zuzuschreiben, zeugt von einem Bildungsniveau, das unter dem Meeresspiegel liegt. Das können nur Kollegen behaupten, die noch nie einen Familienurlaub an der See erlebt haben. Und denen es egal zu sein scheint, sich mit dieser Stigmatisierung über ihre Hauptlesergruppe lustig zu machen.

Aber das kommt von einem medialen Jugendwahn, der sich einmal bitter rächen wird.

Alle wollen höflich sein. Ich merke nichts davon

Paradiesisch geht es bei uns zu, mit einem Himmel voller Geigen, wo alle sich lieb haben und aufeinander Rücksicht nehmen: Niemand drängelt sich beim Einkaufen vor, in Bussen und Bahnen findet jeder Ältere einen Sitzplatz, weil Jugendliche aufstehen, Autofahrer zeigen sich keinen Vogel, und die Männerwelt besteht gänzlich aus Gentlemen, die jeder Frau Türen öffnen, Mäntel holen, Stühle zurechtrücken ...

Das lässt jedenfalls der »Trendcheck Manieren« vermuten, den das Allensbach-Institut im Auftrag eines Kaffeerösters ermittelt hat. Laut Umfrage legen 87 Prozent der Deutschen Wert auf gute Manieren und betrachten Höflichkeit als wichtigen Bestandteil der Kindererziehung. Auch Jugendliche wissen anständige Umgangsformen zu schätzen und empfinden Rücksichtslosigkeit, Unzuverlässigkeit und Egoismus als störend. Vorbei also die alte Zeit, über die Sokrates vor 2400 Jahren lamentierte: »Die Jugend von heute liebt den Luxus, hat schlechte Manieren und verachtet die Autorität.«

Die Gesellschaft, die sich mir präsentiert, spiegelt allerdings mehr Sokrates wider als Allensbach. Ich erlebe, wie junge Leute lieber laute Musik im Sitzen hören, statt für Ältere in der U-Bahn aufzustehen. Oder beobachte das beliebte Firmenspiel, bei dem man die Fahrstuhltür seelenruhig zugehen lässt, obwohl eine Kollegin gern noch eingestiegen und mitgefahren wäre. Ganz zu schweigen von manchen Kampfmüttern, die entspannt beobachten, wie ihre süßen Kleinen Restaurants verwüsten und Tischnachbarn terrorisieren.

Gehören solche Erscheinungen allesamt zu der 13-Prozent-Minderheit, die sich bei der Umfrage nicht zur Höflichkeit bekannt hat? Wer's glaubt, wird selig. Nein, so ist es nun mal bei solchen Erhebungen. Da trinkt natürlich keiner Schnaps, niemand sieht Soaps, und alle grillen Bio-Fleisch.

Dennoch freut mich, dass den meisten Manieren und Moral nicht gleichgültig sind. Benimmregeln sind kein alter Hut, sie machen das Miteinander menschlich. Selbst eine Radikal-Feministin freut sich doch, wenn ihr der Begleiter in den Mantel hilft. Und ich freue mich über jeden höflichen Menschen. Und über jeden, der sich in Umfragen zur Wahrheit bekennt.

Gott hat nicht Schuld,
er spendet Trost!

Wo war Gott, als ein Bus voll fröhlicher Kinder im Wallis ungebremst gegen eine Tunnelwand raste? Hat er weggesehen, ferngesehen, war er eingeschlafen? Als Belgien den Atem anhielt, als die Menschen weinten, während eine bedrückende Kolonne von 28 Leichenwagen an ihnen vorbeifuhr, schluchzte eine Trauernde diese Worte in die TV-Kameras: »Wo war Gott, warum hat er das zugelassen?«

Die Frage nach Gott in all dem Leid dieser Erde schreit zum Himmel. Doch sind wir bei Gott überhaupt an der richtigen Adresse, wenn die Schuldfrage zu stellen ist?

Technische Mängel am Bus, mögliche Ablenkung des Fahrers, all das ist noch ungeklärt. Klar ist jedoch, dass Experten schon vor Jahren davor warnten, am Ende einer Nothaltebucht rechtwinklige Wände zu bauen.

Warum, um Gottes willen, hat man darauf nicht gehört? Ähnlich wie in Fukushima: Jeder Geologiestudent lernt im ersten Semester, dass man kein Atomkraftwerk auf eine Erdbebenspalte baut. Was hat Gott damit zu tun, wenn Menschen von allen guten Geistern verlassen sind?!

Mich ärgert, wie schnell wir Gott zum Sündenbock machen, ohne nach menschlicher Schuld zu fragen. Und oft tun das gerade die Menschen, die sonst wenig von Gott halten, die ihn für ihr Leben nicht zu brauchen glauben. Nur wenn etwas schiefgeht, suchen sie sich den aus, der sich nicht wehren kann, wenn man ihm die Schuld in die Schuhe schiebt.

Wer jetzt Trost sucht, ist bei Gott an der richtigen Adresse. Denn gäbe es ihn nicht, wir stießen mit unserer Hoffnung schnell an unsere Grenzen. Wo ich mein Leid zu Gott bringe, wird es vielleicht nicht erklärlicher, aber auf jeden Fall erträglicher.

Ich, ein Nichtraucher, halte Horror-Bilder auf Zigarettenschachteln für Bürokraten-Terror

Stellen Sie sich vor, Sie kaufen sich ein neues Auto und finden auf der Kühlerhaube ein großes Foto von einem Pkw-Wrack, das sich um einen Baum gewickelt hat, dazu blutüberströmte, verstümmelte Opfer. Darunter die Aufschrift: »Achtung! Autofahren tötet!«. Völliger Blödsinn? Warten wir's ab. Ähnliche Horrorbilder sehen jetzt die Australier, wenn sie sich eine Schachtel Zigaretten kaufen. Drastische Fotos von möglichen Folgen des Tabakkonsums sollen die Raucher abschrecken, ihrem Laster weiterhin unbekümmert zu frönen.

In Australien sollen, wie bereits in Thailand, Kanada oder Belgien, Raucher durch drastische Fotos von Lungenkranken abgeschreckt werden. Eine Maßnahme, die inzwischen auch in Deutschland ernsthaft von Gesundheitspolitikern und Lobbyisten diskutiert wird. Ich finde das absurd und unverhältnismäßig.

Mittlerweile weiß doch jedes Kind, dass Rauchen nicht gesund ist. Dafür gibt es Biologieunterricht in der Schule, Aufklärung in den Medien. Meine erste Raucherlunge sah ich im Bio-Unterricht, und die Leidensgeschichte eines beinamputierten Kettenrauchers hat mich mehr schockiert als alle Worte und Bilder, die man auf die Schachteln drucken kann. Diese Kindheitserfahrungen machten mich zum kämpferischen Nichtraucher.

Ich will nicht einfach so hinnehmen, dass Menschen ihre Gesundheit ruinieren und dabei ihre Umgebung auch noch schädigen und schikanieren. Ich will aber auch nicht hinnehmen, dass Raucher verteufelt werden, als würde jeder Tabakkonsum automatisch zu den Krankheiten führen, die auf den Schachteln abgebildet sind.

Dieser Horror ist Terror. Und scheinheilig noch dazu. Allein 2011 hat der Staat 14,5 Milliarden Euro an Tabaksteuern kassiert, nach der Mineralölsteuer die zweitwichtigste Verbraucherabgabe in Deutschland. Würde die ganze Nation auf einen Schlag zu Nichtrauchern, wir bekämen eine Staatspleite griechischen Ausmaßes.

Gewarnt sind wir genug durch die aktuellen Risiko-Aufdrucke auf den Schachteln. Das Rauchverbot in Gaststätten und öffentlichen Räumen ist inzwischen allgemein akzeptiert, weiter sollte aber auch niemand mehr gehen. Sonst sehen wir demnächst auf der Kräuterlikörflasche statt des Hirschkopfs die Röntgenaufnahme einer Säuferleber, oder auf dem Pizzakarton das Foto eines adipösen Jugendlichen. Und unsere Haustüren tragen auf der Innenseite das staatlich vorgeschriebene Warnschild: »Beim Betreten der Straße ist mit tödlichen Auto- und Industrieabgasen zu rechnen«.

Da wir aber immer noch in Deutschland und nicht in Absurdistan leben, sollte man den regulierungswütigen Bürokraten Einhalt gebieten.

Ist man ein Rassist, wenn man Mohrenköpfe mag?

Bin ich ein Kannibale, wenn ich ein Kasseler verzehre? Ein Rassist, wenn mir ein Mohrenkopf schmeckt?

In Österreich tobt ein grotesker Streit, seit die Bundeswirtschaftskammer von den Gaststätten verlangt, »diskriminierende Bezeichnungen« von den Speisekarten zu verbannen. Im Ranking der Beleidigungen ganz oben: das beliebte Zigeunerschnitzel und der »Mohr im Hemd«, eine unschuldige Süßspeise.

Natürlich können Wörter wehtun, Schlagwörter im wahrsten Wortsinn. Aber die Speisenamen stehen doch für etwas Schönes, Süßes, Schmackhaftes. Der »Mohr im Hemd« ist alles andere als ein beleidigendes Nahrungsmittel mit bitterem Nachgeschmack.

Die Frankfurter als Würstchen zu bezeichnen, darüber regt sich doch auch niemand auf. Hamburger, Berliner, Amerikaner – alle werden mit Genuss verspeist. Da hat die Neusprech-Correctness aber noch viel zu tun, der Mohr hat noch längst nicht seine Schuldigkeit getan.

Was soll der Hundefreund bei einem Hotdog denken? Ist das Nonnenfürzchen, ein schwäbisches Schmalzgebäck, gotteslästerlich? Oder die Schupfnudel Buabaspitzla eine pädophile Schweinerei?

Wer Diskriminierung an Speisekarten festmacht, ist kleinkariert und macht sich lächerlich. Ich möchte weiterhin in Amerikaner beißen, an Florentinern knabbern und

Wiener knacken, ganz ohne schlechtes Gewissen. Und wenn es sein muss, dabei die Strauß-Operette *Der Zigeunerbaron* hören.

Meinem Tiroler Stammlokal »Föhrenhof« habe ich schon vorgeschlagen, nun in die Menükarte zu schreiben: »Paprikasteak, ehemals Zigeunerschnitzel«. Dann wäre der Wahnsinn perfekt. Ach so: Schwarzfahren und Schwarzarbeit gehören natürlich aus dem Strafgesetzbuch gestrichen. Die Täter wird es freuen ...

The german angst

Wenn Deutsche das Wort Angst steigern wollen, dann sprechen sie von Heidenangst. Der Amerikaner hat dafür inzwischen die »denglische« Kombination »the german angst«. Ähnlich wie Kindergarten oder Autobahn ist der Begriff Angst direkt aus dem Deutschen übernommen. Die Heidenangst der Amis ist also die »german angst«, weil man Deutschland als Weltmeister im Wehklagen, als hysterisch und panisch wahrnimmt. Mir sagte mal sarkastisch ein Kalifornier, man sei ja froh, wenn irgendetwas Schlimmes nicht in Deutschland, sondern anderswo passiert. Die Germanen würden immer gleich überreagieren. Paradebeispiel: die Katastrophe im Atomkraftwerk von Fukushima 2012, die die ganze Welt erschütterte. Deutschland war das allererste Land, das (im Gegensatz zu Japan) »Konsequenzen« zog. Obwohl bei uns kein Tsunami zu erwarten ist und wir auch nicht so blöd sind, ein Kernkraftwerk auf eine aktive Erdspalte à la Fukushima zu bauen. Viel schlimmer: Die »unsicheren« Atommeiler umgeben uns weiterhin in direkter Grenznähe – schönes Europa!

Im Herbst 2015 war es mal wieder so weit, als eine Studie der Weltgesundheitsorganisation WHO zur Schlagzeile gerann: »Wurst ist krebserregend!« Während andere Nationen zur Tagesordnung übergingen, weil man beim Gedanken an tödliche Verunreinigungen ja sonst nicht mal mehr atmen dürfte, bebte das ehemalige Land der Dichter und Denker. Alle möglichen Schnelldenker wurden zu Experten und dichteten fleißig und publikumswirksam an Angst einflößenden Horrorszenarien. Es mussten doch tatsächlich bodenständige Metzger aufgeboten werden, um dem Volk eine Angst zu nehmen, die es vorher gar nicht hatte. Auch der Bundeslandwirtschaftsminister wurde mit üppiger Wurstplatte in *BILD* ins Bild gesetzt, um die Gemüter zu beruhigen.

Klar, Gammelfleisch-Wurst ist nicht gerade appetitlich und allzu viel Tierisches ungesund, doch gleich die Krebs-Keule rauszuholen, das ist schon etwas happig. Aber für solche Nachrichten haben die Namenspatrone der »german angst« eine merkwürdige Antenne. Was hat uns nicht alles schon in Angst und Schrecken versetzt, manchmal lernten wir pro Jahr einen neuen chemischen Begriff kennen, der mehr unserem Bildungsnotstand als unserer Gesundheit den Kampf ansagte: Dioxin, BSE, Formaldehyd und wie die Skandale alle hießen. Als ginge es um Leben und Tod, erregte sich unser Land in TV-Sondersendungen und Trübsal-Talks, Tiere wurden dem Massentod zugeführt und Lebensmittel der Müllverbrennung.

Und all das geschieht genau in jenem Volk, das laut Statistik immer älter wird – und im Alter immer gesünder bleibt. Irgendwas muss da wohl nicht stimmen, und ich wünschte mir die Gelassenheit von Italienern, Franzosen oder Amerikanern, die unhysterisch reagieren, ohne unhygienisch zu sein.

Ein Lob für die Richter, die ich schon so oft kritisieren musste

Glückwunsch, Frau Doktor Hahne! Ich darf die Dame öffentlich loben, ist sie doch weder verwandt noch verschwägert mit mir. Aber sie hat ein bahnbrechendes Urteil in Sachen Verwandtschaftsverhältnisse gefällt, und das ausgerechnet als Frau.

Meo-Micaela Hahne, Richterin am Bundesgerichtshof (BGH), hat die Rechte der Männer gestärkt, besser gesagt: der »Kuckucksväter«.

Männer, denen ein Kind untergeschoben wird, haben künftig das Recht, den Namen des wahren Vaters zu erfahren. Damit wertet der BGH den Rechtsschutz des Mannes höher als das Persönlichkeitsrecht der Mutter. Geklagt hatte ein Mann, der erst nach der Trennung von seiner Frau erfuhr, dass er gar nicht der Vater des Kindes ist, für das er nun finanziell sorgen soll. Seine Exfrau berief sich auf ihre Privatsphäre und wollte die Auskunft verweigern.

Dieses Urteil ist lebensnah und beweist, dass die oft (auch in meiner Kolumne) gescholtenen Richter über gesunden Menschenverstand verfügen. Warum hat es jedoch bis heute gedauert, etwas so Selbstverständliches grundsätzlich zu entscheiden und ein Tabu zu beseitigen? Warum ist das nicht längst Gesetz bei uns? Denn es betrifft ja nicht nur streitende Eltern, sondern auch das Wohl des Kindes. Oder soll man es noch länger hinnehmen, wenn Kinder gehänselt werden, weil sie ihrem Vater nun überhaupt nicht ähnlich sehen? Der Spott pervertierte zur Menschenverachtung, wenn ein weißes Elternpaar eine Säuglingsstation mit einem farbigen Baby verließ – Comedy zulasten einer Kinderseele.

»Väter« sollen nicht für Kinder sorgen müssen, die nicht die ihren sind. Und Kinder behalten, so sagen Experten, bis ins Alter hinein tiefe seelische Wunden, wenn sie sich nicht sicher sind, wer ihr Vater ist.

Wissen, woher man kommt, ist ein menschlicher Urinstinkt. Die Angst der Mütter, über der Wahrheit ihr Kind zu verlieren, ist unbegründet. Je später es dies erfährt, desto schlimmer kann es sein.

Der rechte Arm der Queen

Was war das für ein Glanz im Land, das von Politstreit, Streiks und dem Geschacher um das Amt unseres Staatsoberhauptes alle fünf Jahre die Nase voll hat. Zum fünften Mal kam die Queen, scheinbar seit Ewigkeiten auf dem britischen Thron, zu uns auf Staatsbesuch. Die beiden Alten, Königin Elizabeth II. und Prinz Philipp, sehen aus wie eh und je, phänomenal alterslos, und das schon fast ein ganzes Jahrhundert. Irgendwie sind wir mit ihnen aufgewachsen, sie scheinen »ewiger«

als der wechselnde Papst. Umso größer der Jubel, sie nun noch einmal live zu erleben im Juni 2015. Doch kaum waren ihre Reisekoffer im Buckingham Palast wieder ausgepackt, schockierte eine Nachricht die Welt. Besser: Ein Bild war es, das die Massen in Bann zog. Hatten wir das etwa übersehen, als wir sie in Deutschland bejubelten?!

Es war nämlich ein Amateurfilm aufgetaucht, der die Queen mit Hitlergruß zeigt. Elizabeth mit rechtem Arm hoch, zackig salutierend. Und wie nicht anders zu erwarten, lief auf Knopfdruck die Empörungsmaschinerie an. Leute, lasst die Kirche im Dorf! Elizabeth war damals, als sie zusammen mit ihrem in der Tat nazifreundlichen Onkel Edward den rechten Arm hob, ein siebenjähriges Mädchen. Will man etwa bei einem Kind Maßstäbe ansetzen, die für Erwachsene selbstverständlich zu gelten haben?!

Auch Deutsche haben ähnliche Bilder auf dem Dachboden, als Oma oder Uropa Kinder waren. Spätestens 1936 hob die halbe Welt den rechten Arm bei der Eröffnung der Olympischen Spiele in Berlin. Widerstandsgeist war mehr bei aktiven Athleten zu spüren als beim internationalen Publikum, obwohl es für dunkelhäutige oder jüdische Sportler schon lebensgefährlich war, sich dem nationalsozialistischen Ungeist nur allein durch Gesten zu widersetzen.

Beurteilt werden muss ein Mensch danach, was er als Erwachsener macht. Da gibt's kein Pardon. Da verstehe ich keinen Spaß. Lasst also die Queen in Ruhe und freut euch, dass es in Europa noch solch »ewige« Institutionen gibt.

Verscharrt
wie ein Hund

Viele Menschen lassen sich verscharren wie ein Hund, schrieb ich vor Jahren einmal. Immer mehr anonyme »Gräber« ohne Namensschild, verstreute Asche in Wäldern und auf See. Keinerlei Erinnerung und Gedenken, als hätte man nie gelebt. Noch nicht einmal eine Trauerfeier, geschweige denn eine christliche Beerdigung. Einfach entsorgt. Aus und vorbei. Dabei gibt es doch in unserer Sprache so tiefsinnige Wörter wie »letzte Ehre«, Ruhestätte, Grabpflege oder Erinnerungskultur.

Verscharrt wie ein Hund? Das muss ich zurücknehmen, um der Wahrheit die Ehre zu geben. So las ich in meinem traditionellen Wallis-Urlaub von Familie Schulze aus Norddeutschland. Sie bestattete ihren geliebten Border Collie Rolf in einer aufwendigen Abschiedszeremonie auf einem Tierfriedhof nahe Basel. Sie reisten die 846 Kilometer mit Familie und totem Tier in die Schweiz, weil der Hund dort mit ihnen so gern im Urlaub war. Rund 1400 Tiere liegen dort inzwischen begraben, Hunde, Katzen, Zwerghäschen, Hamster, Wellensittiche. Selbst ein Pony und ein Hängebauchschwein haben auf diesem Tierfriedhof eine würdige Grabstätte gefunden und werden besonders zu Allerheiligen besucht, wenn zum Beispiel auch Familie Meier aus Hessen kommt, um die Gräber ihres verstorbenen Hundes Filou und ihrer Katze Felix zu schmücken.

Für umgerechnet tausend Euro gibt's diese Schweizer

Zeremonien, ganz zu schweigen von Reise- und Hotelkosten. Diese Ehre würde ich auch Menschen gönnen. Aber die schreiben ja schon Patientenverfügungen, um ihren Kindern nicht zur Last zu fallen, und ordnen an, anonym »verscharrt« zu werden, damit niemand sich die »Mühe« der Grabpflege machen muss. Ich habe mal guten Bekannten die Freundschaft gekündigt, weil sie (Erb-)Omas Asche in alle vier Winde zerstreuen ließen, »weil wir doch nun wirklich keine Zeit für Friedhofsbesuche und so einen Quatsch haben«. Pfui! Mich würde bei denen nicht wundern, wenn sie ihre Promenadenmischung feierlich in der Schweiz bestatten würden.

Was für eine arme Gesellschaft, die den Tod aus dem Leben verbannt. Er wird als Störenfried empfunden, den es zu verdrängen gilt. Den Toten wird die Würde ihres vergangenen Lebens genommen, und die Lebenden berauben sich der Hoffnung auf die letzte Ehre! Eine Gesellschaft ohne Trauerkultur ist ein Rückfall in die Barbarei. In meinem Heimatdorf ruhte in meiner Kindheit der Verkehr, wenn ein Trauerzug zum Friedhof ging, Männer nahmen die Kopfbedeckung ab, die Totenglocke läutete. Letzte Ehre. Heute: billig, kurz und schmerzlos. Kein Ort der Erinnerung, anonym. Offenbarungseid eines Kulturlandes der Dichter und Denker. Bankrott von Kirchen, die sich lieber um Stromtrassen statt um Lebensenergie angesichts des Todes kümmern. Für die ach so moderne Todeskultur in unserem Land habe ich nur Todesverachtung übrig und wünsche mit Galgenhumor, man würde wenigstens verscharrt wie ein Hund ...

Ich weiß, wann ich geboren bin. Ich will nicht wissen, wann ich sterben muss

Auf einem Hamburger Weihnachtsmarkt hat die zeitlose »Miss Tagesschau«, Dagmar Berghoff, für einen Blick in die ferne Zukunft den Wohnwagen einer Wahrsagerin aufgesucht. Und die hat ihr, wie sie im Talk meines Kollegen Markus Lanz offenbarte, das exakte Todesdatum prophezeit. Immerhin »wissen« wir jetzt, dass die 68-jährige TV-Legende noch mindestens zehn Jahre unter uns weilt, mehr wollte sie nicht verraten.

Doch was hat man davon, das letzte Rätsel des Lebens zu lösen, um sich dann selbst an die Macht eines Datums zu fesseln? Ich kenne eine Familie, deren Tochter sich umgebracht hat, weil sie von der Last dieses vermeintlichen Wissens nicht mehr loskam. Die junge Frau richtete schließlich ihr ganzes junges Leben nach dem angeblichen Todestag aus; war wie besessen von der Wahnidee, nun alles genau berechnen und planen zu müssen. Und verlor darüber völlig die unbefangene Freude am eigenen Dasein.

Es ist etwas anderes, ob Leute glauben, der nächste Sommer würde sibirisch, Angela Merkels Regierungszeit dauere ewig oder am 30. Mai sei Weltuntergang. Da kann man schmunzeln und abwarten und hinterher sagen: Mich betrifft's ja ohnehin nicht. Doch das Todesdatum ist mit das Intimste und Intensivste, was unsere Persönlichkeit ausmacht. Dass alles auf dieses Ziel hinausläuft und dass jedes Baby letztlich geboren wird, um zu sterben, ist wahr.

Schöpfung besteht aus Werden und Vergehen, und wir Menschen sind diesem Gesetz genauso unterworfen wie jede andere Kreatur.

Es hat einen Sinn, nicht zu wissen, wie und wann das passiert. Sein exaktes Ende zu kennen, ist der Anfang von Angst, von nun an nichts zu verpassen. Dann sind wir auf den Tod, nicht mehr auf das Leben fixiert.

Ich empfinde es als gnädige Entlastung, dass es Dinge zwischen Himmel und Erde gibt, die nicht in unserer Verfügung stehen. Die einfach auf uns zukommen.

Offen sein für die Zukunft kann ich nur, wenn ich jeden Tag so lebe, als wäre es der letzte. Ein solches Leben angesichts des Todes lebt sich viel gelassener und bewusster, viel fröhlicher und unbefangener.

Ein Prozess gegen Gaddafi wäre besser gewesen

Das gehe doch zu weit, meinte eine Kollegin mit Blick auf die zahlreichen Zeitungen, in denen der blutüberströmte Kopf des getöteten libyschen Diktators Gaddafi abgebildet war.

In ihrer Kritik dachte sie an die Kinder, die das jetzt sehen und verarbeiten müssen. Nachdenklich fügte sie hinzu: »Auch ein Menschenschlächter hat eine Menschenwürde.« Und schon waren wir inmitten einer Diskussion, ob der Begriff Menschenwürde auf solch einen Despoten anzuwenden ist.

TV-Sender wie das *ZDF* begründen mit dem »Respekt vor der Menschenwürde«, Filmmaterial des toten Gaddafi nicht zu zeigen. Ganz anders britische Blätter. »Here lies the rat« – »Hier liegt die Ratte«, titelt eine Zeitung neben dem blutigen Foto. »Schmore in der Hölle zusammen mit Hitler«, lautet eine andere Schlagzeile. Oder: »Dies ist für Lockerbie«. 1988 waren über und in der schottischen Stadt 270 Menschen bei einem Attentat auf ein PanAm-Flugzeug umgekommen, für das Gaddafi verantwortlich gemacht wird.

Gilt die Menschenwürde für einen größenwahnsinnigen Tyrannen, der Leben und Freiheit von unzähligen Menschen auf dem Gewissen hat? Ist diese Bestie überhaupt ein Mensch oder nicht doch eine Ratte? Ist Würde überhaupt auf einen wie Gaddafi anwendbar? Ja, doch. Denn die schärfste Waffe einer freiheitlich-rechtsstaatlichen Demokratie ist die Unveräußerlichkeit der Menschenrechte. Auch Despoten sind nach unseren Werten Menschen und haben Menschenrechte.

Deshalb wäre es besser gewesen, Gaddafi wäre gefangen genommen und vor Gericht gestellt worden. Dann hätte die ganze Welt erlebt, wie bei den Nürnberger Prozessen gegen die Nazi-Verbrecher 1945 bis 1949, für welche Gräueltaten Gaddafi sich verantworten muss, wie er seine Schandtaten verteidigt und schließlich verurteilt wird. Ein solches Verfahren wäre eine größere Genugtuung für die Opfer als ein blutiger Leichnam und all die Verschwörungstheorien, die sich bereits um seinen Tod ranken.

Schönheits-OPs bei Kindern
sind pervers

Eine neue Nase zum 16. Geburtstag, eine Brust-OP zum Abi. Geschenke, die in den USA schon fast zum Standard gehören. Auch bei uns gibt es immer mehr Schönheitseingriffe bei Minderjährigen.

Eingriffe in der schlimmsten Wortbedeutung, denn wie hirnlos sind Erwachsene, die sich an einem Körper vergreifen, der noch nicht fertig entwickelt ist. Wie töricht müssen Eltern sein, die so etwas erlauben; wie verrückt Ärzte, die ihr Skalpell ansetzen, um an Teenagern herumzuschnippeln.

Schlanke Schenkel, größere Brüste, Nasenkorrekturen oder Fettabsaugen – all das will die Bundesregierung demnächst auf den Index setzen. Schönheitsoperationen an Jugendlichen, die bisher noch mit Zustimmung der Eltern erlaubt waren, sollen generell verboten werden.

Da fällt mir eigentlich nur noch der Dichter Theodor Fontane ein: »Gegen eine Dummheit, die gerade in Mode ist, kommt keine Klugheit an.« Brauchen wir eigentlich für Selbstverständliches Gesetze?

Das Problem scheint mir der Kopf, nicht der Körper zu sein. Wirre Teenager, irre Eltern und Ärzte ohne Berufsethos sollten sich durch ihren Verstand, nicht erst durch Verbote stoppen lassen. Ich brauche keinen Staat, um zu wissen, was man Kindern zumuten und erlauben kann.

Unsere Zivilisation ist verkommen und pervers, wenn ein verirrtes Schönheitsideal, der Traum vom Modeln oder der perfekten Figur, schon bei Kindern zu verrücktesten Diäten und OPs führt. Dasselbe gilt für Kinder-Castingshows, wo der große Verwirklichungswahn der Eltern auf Kosten ihrer Kleinsten befriedigt wird.

Was sind das für Erwachsene, denen der Staat das Selbstverständliche im Blick auf Kindererziehung verbieten muss: Alkohol- und Drogenmissbrauch, die Selbstverstümmelung und das Sich-zum-Affen-Machen. Auch solche Form von Kindesmisshandlung gehört bestraft.

Weihnachten oder Totensonntag?

Es war auf der Zugfahrt in meine westfälische Heimat, am Tag vor Heiligabend. Am Berliner Hauptbahnhof ein Riesengedränge, meist Familien mit Kindern, bepackt mit bunten Päckchen, Geschenkpapierrollen ragen aus den Rucksäcken, Teddys auf dem Arm, die Eltern mit Riesen-Rollkoffern. Na, das kann ja heiter werden, musste ich denken, als der gesamte ICE-Waggon wie eine große Grundschulklasse wirkte, wie Kindergeburtstag und Schulfest in einem. Doch nach fünf Minuten breitete sich eine tiefe Stille über den Zug. Allein der Schaffner war zu hören, der die Fahrkarten sehen wollte. Eine Stille, als wäre Karfreitag und nicht Weihnachten, als wäre Totensonntag mit verordneter Staatstrauer und nicht das fröhliche Familienfest. Jeder, wirklich jeder hantierte mit einem dieser elektronischen Dinger von Smart- bis iPhone, die meisten hatten Stöpsel in den Ohren oder Kopfhörer von gigantischen Ausmaßen aufgesetzt. Jeder, wirklich jeder war in seiner eigenen Welt. Ob Junge oder Mädchen, ob Jung oder Alt.

Und genau da fängt das Problem an: Ich hörte nirgends einen Vater oder eine Mutter mit der Aufforderung, die ich früher immer als nervig empfand: Lass uns doch mal was spielen. Hier wäre es eine Erlösung gewesen. Kinder, die lachen und streiten, ein paar VerliererträNen oder vor Siegestaumel umgeworfene Flaschen. Nur dass etwas los gewesen wäre, ich hätte auf meine eigene Ruhe gerne verzichtet. Nein, die Eltern waren auch in ihre jeweilige Welt versunken. Wahrscheinlich signalisierte sich die Familie noch per SMS das Kommando zum Aussteigen. Unfassbar: neunzig Minuten Bahnfahrt in einem Waggon voller Familien, und kaum ein Sterbenswörtchen, Totenstille. Wie armselig! Alle Vorurteile gegen dieses elektronische Teufelszeug, das auch am göttlichen Fest den Alltag bestimmt, wurden mir bestätigt. Was soll aus diesen Kindern mal werden, deren gesamte Kommunikation aus totenstillen Wortfetzen in Micky-Maus-Sprache besteht, die keinerlei Kontakt zu denen haben, die gerade um sie herumsitzen. Jeder versunken in eine eigene Welt, allein in der Masse. Ich denke an den Dichter Hermann Hesse: »Leben heißt einsam sein. Keiner sieht den andern, jeder ist allein.« Wenn das die Zukunft der nachfolgenden Generation ist, dann Prost Mahlzeit!

Apropos Mahlzeit: Im Speisewagen traf ich dann eine Großmutter, die mit ihrem kleinen Enkel Halma spielte. Halma! Die elektronisch gesteuerten Klick-Kids im Zugabteil nebenan wissen wahrscheinlich gar nicht, was das ist. Die beiden lachten, unterhielten sich und schauten ab und zu nach draußen und kommentierten sogar die Landschaft. Die beiden wirkten wie aus der Zeit gefallen. Als ich der älteren Dame das sagte und sie beglückwünschte, meinte sie: Und mein Jakob wird Sie kaum kennen, denn einen Fernseher haben meine Kinder auch nicht. Na ja, übertreiben muss man ja nicht gleich ...

USA, Uniformen und der Respekt vor Staatsdienern

Der athletische Mann vor mir in der Kassenschlange sah in seinem tarnfarbenen Overall aus wie frisch von der Militärübung. »Thank you for your service«, meinte die freundliche junge Kassiererin, als sie ihm das Wechselgeld zurückgab. Während sie im Outlet Center im kalifornischen Gilroy meine Ware einscannt, frage ich neugierig, was sie damit gemeint habe: »Danke für Ihren Dienst.« Diese Anerkennung schlägt sich auch in Dollar und Cent nieder. Armeeangehörige bekommen hier einen Sonderrabatt, wie es fast überall in den USA üblich ist. Ganz gleich ob Disneyland oder Seaworld: überall Discount für Uniformierte, für Kriegsversehrte sogar freier Eintritt. Beim Skifahren in Park City oder im Deer Valley Resort (Utah) sieht man, wie Soldaten ihr »Military Ticket« als Ausweis für Tapferkeit am Hals baumeln haben. Unsere Bundeswehrsoldaten erfahren dagegen Beifall meist nur, wenn sie (was gar nicht ihre Aufgabe ist) als Hochwasser-Helfer Sandsäcke schleppen.

Ich verbringe seit fast zwanzig Jahren jeweils den November in den USA und profitiere immer wieder (unfreiwillig) von den Vergünstigungen des Veteran Days, einem Feiertag am 11. November, dem Tag des Waffenstillstands im Ersten Weltkrieg. Dabei habe ich wegen Sehschwäche noch nicht mal Grundwehrdienst geleistet, obwohl ich es nach dem Abitur und trotz Theologiestudiums ausdrücklich wollte. Ich war wohl der Einzige meines Jahrgangs, der gegen die Ausmusterung in die »Ersatzreserve Zwei« Protest eingelegt hat, und das in der wilden 1968er-Zeit ...

In Israel habe ich als Schüler diese Hochachtung vor Uniformierten zum ersten Mal erlebt, während damals Soldaten in Deutschland laut wirrem Gerichtsbeschluss als »Mörder« verhöhnt werden durften. Ob in den Egged-Bussen, in Schwimmbädern oder in Restaurants: Soldatinnen und Soldaten hatten immer freien Eintritt oder stark ermäßigte Preise – ähnlich wie in den USA, wo Feuerwehrleute als Helden gefeiert werden und Polizisten qua Amt Respekt entgegengebracht wird, weil sie Staatsdiener im wahrsten Wortsinn sind. Manche Schnellimbiss-Kette druckt sogar auf den Rabatt-Kassenbon: »Thank you for your service.« Ob die jugendlich-flippigen Käufer der Crocs-Schuhe in Deutschland wohl wissen, dass die Amis in den US-Stammgeschäften auf die Kassenbons ein »Heroes Discount« drucken?! Heldenrabatt! Für Kriegsversehrte fast auf null – während bei uns sogar das Mahnmal für die gefallenen Bundeswehrsoldaten in die Provinz verbannt wird.

Das hat doch mit Obrigkeitsstaat und Untertanengesinnung nichts zu tun, wenn ich es unerträglich und würdelos finde, dass nicht wenige Polizisten und Soldaten in Deutschland nach Dienstschluss als Erstes ihre Uniform ausziehen (müssen), um in der U-Bahn, im Bus oder auf der Straße nicht angepöbelt zu werden. Wie verkommen ist ein Denken, das diese Frauen und Männer zwar die Drecksarbeit machen lässt, ihnen aber den nötigen Respekt verweigert. Und dieser Respekt kann sich auch in Euro und Cent ausdrücken, Israel oder die USA, aber auch viele europäische Nachbarstaaten gehen mit gutem Beispiel voran.

Der Filmemacher Axel Rothkehl, der für *ARD* und *ZDF* mehrfach aus Afghanistan berichtet hat, erhielt für seine Arbeit den Medienpreis »Goldener Igel« des Reservistenverbandes. Was ihn denn besonders beeindruckt habe, wurde er bei der Preisverleihung in Berlin gefragt. Bei der Weihnachtsfeier im US-Camp in Kabul, erzählte er, hätten auch die deutschen Kameraden Päckchen bekommen, die wildfremde Menschen aus den USA geschickt haben, was dort Tradition ist. Einer konnte sogar einen MP3-Player auspacken. Doch etwas anderes habe die Soldaten viel mehr bewegt: »Fast alle Absender hatten ein Neues Testament beigelegt und im Brief aus der Heimat versprochen: Wir beten für euch! Das ist das Beste, was Soldaten im lebensgefährlichen Auslandseinsatz passieren kann – und den Journalisten auch.«

Drei Wasserprediger beim Wein erwischt

Dass mit unseren sogenannten Eliten etwas faul ist, zeigt jeden Tag die aktuelle Finanzkrise; man mag sich schon gar nicht mehr darüber aufregen.

Wirklich wütend machen mich aber jene Gutmenschen,

die Wasser predigen und Wein trinken, die andere zu Umkehr und Opfer mahnen, sich selbst jedoch einen Dreck darum scheren.

Drei prominente Namen in diesem Zusammenhang:

Da ist Hans Eichel, jener Obersparkommissar aus rot-grünen Regierungsjahren, ein Meister im Fach »Gürtel enger schnallen«, der vor dem Bundesverwaltungsgericht auf eine Fast-Verdoppelung seiner Pension klagt. Satte 14 550 Euro stünden ihm zu, schließlich sei er auch mal Oberbürgermeister von Kassel gewesen. Das Gerede von sozialer Gerechtigkeit gerät zur hohlen Phrase, wenn Minister Nimmersatt auf seine Art die Mindestlohndebatte befeuert.

Oder Winfried Kretschmann, erster Regierungschef der Öko-Grünen. Er schwebt mit dem Hubschrauber zur Ministerpräsidentenkonferenz in Lübeck ein und lässt die Dienstlimousine die 730 Kilometer von Stuttgart hinterherfahren. Seine Kollegen kommen per Pkw oder Linienflug. Die armselige Ausrede: Terminprobleme.

Als die Deutsche Umwelthilfe die Dienstwagen der Bischöfe unter die Lupe nahm, stellte sich heraus: Die schrillsten Umweltaktivisten fahren die dicksten Dreckschleudern. Die Pole-Position der klimakillenden Kirchenführer-Karossen fährt ausgerechnet Ilse Junkermann, jene Magdeburger Bischöfin, die von Luthers Kanzel »Klimawandel ist Lebenswandel« predigt. Begründung: Rückenprobleme, die eine besondere Pkw-Ausstattung erfordern.

Ich gönne Herrn Eichel sein gutes Recht, Herrn Kretschmann seine zeitsparende Reiseplanung und Frau Junkermann ihr rückenschonendes Dienstauto. Aber die Herrschaften sollen mich doch bitte schön mit ihren »Wasser-Predigten« in Ruhe lassen.

Es nervt einfach, wenn Reden zum Gerede und Tun zum Getue wird. Da ist mir der Grünen-Abgeordnete Hans-Christian Ströbele tausendmal lieber, dessen Meinung ich selten teile, der in Berlin jedoch konsequent Fahrrad fährt.

Klarer Sieg für Bargeld-Fans

Schweden hat sich entschieden. Nach empörten Protesten aus der Bevölkerung »Finger weg von unserem Bargeld!« will das nordische Land nun nicht nur das Bargeld behalten, sondern erneuert die Kronen-Scheine sogar generell. Bis zum Sommer 2017 wird in einer Großaktion das Bargeld nicht vernichtet, wie es die Regierung einmal vorhatte – im Gegenteil, die 335 Millionen Scheine, die derzeit im Umlauf sind, bekommen neue Motive und Farben. Zwar wird in keinem europäischen Land so viel mit Karte oder Handy bezahlt wie im Königreich von Carl Gustav und Silvia, aber so ganz wollten sich die Bürger nun doch nicht von den alten Gewohnheiten trennen. Das Hauptargument, bargeldloses Bezahlen sei sicherer, hat sich bekanntlich in letzter Zeit als heiße Luft und falsche Versprechung erwiesen. Klar, es kann einem die Geldbörse gestohlen werden, man kann Geld verlieren oder sich zum eigenen Nachteil verzählen. Doch was ist das gegen die dramatisch ansteigende Internet- und Kreditkarten-Kriminalität?! Da sind dann gleich ein paar Hundert oder Tausend weg; Summen, die niemand bar bei sich tragen würde.

Weltweit wollte Schweden Vorreiter für eine bargeldlose Gesellschaft werden. Daraus wird nun nichts. Vier von fünf Einkäufen erledigen die Schweden digital, sogar das Feuerzeug oder ein Kaugummi werden meist per Karte bezahlt. In Bussen und Bahnen kann man mit Münzen nichts mehr anfangen, was Touristen zur Verzweiflung treibt. Mit einer deutschen Bankkarte einen Stockholmer Bus zu bezahlen, wenn hinter einem die Warteschlange tobt – viel Vergnügen! Nein, es bleibt auch in Schweden der Grundsatz gültig: »Bargeld ist die einzige Bezahlform, die immer funktioniert und weder von Strom noch von intakter Technik abhängig ist.«

Ausgerechnet in Schweden ist der Traum vom Ende des Bargelds nun also ausgeträumt. Ein Signal, das auch der Euro-Raum hören sollte! Bargeld ist ein Menschenrecht, das unkontrollierbare Freiheit garantiert. Digitales Einkaufen schafft dagegen den gläsernen Menschen, dessen Konsumverhalten bis in den letzten Cent aufgespürt und kontrolliert werden kann. Und das ist selbst den wirtschaftsliberalen Skandinaviern des »Guten« zu viel. Beachtenswert ist: Die Stockholmer Regierung lässt ihren Bürgern die Alternative »bar oder per Karte«. Das nennt man Demokratie! Jetzt sind die Schweden zufrieden, und die Parteien hoffen auf dankbare Wahl-Bürger. Heiß diskutiert wird im Land nur noch über die Motive, die die neuen Scheine zieren sollen. Warum ist Frau Astrid Lindgren nur zwanzig Kronen wert, Herr UNO-Ex-Generalsekretär Dag Hammarskjöld dagegen stolze tausend, fragen die Feministinnen. Warum fehlt der frühere Ministerpräsident Olof Palme, während die wegen angeblicher antisemitischer Sprüche umstrittene Sopranistin Birgit

Nilsson auf den 500-Kronen-Schein gedruckt wird, erregt sich das Feuilleton. Egal, womit die Schweden ab 2017 zahlen. Hauptsache bar! Der Bargeldaufstand hat sich gelohnt!

Precht hat recht: Rentner sollen sich engagieren!

Nicht schlecht, Herr Precht! Die kalkulierte Provokation ist dem Bestsellerautor Richard David Precht in der Talkshow meiner Kollegin Anne Will hervorragend gelungen. Wobei das Beste der Schlusssatz war, als Precht den Philosophen Arthur Schopenhauer (1788–1860) zitierte: »Jedes Problem durchläuft drei Stufen. Erst wird es verlacht, dann bekämpft, und schließlich gilt es als selbstverständlich.«

Wetten, dass dies auch mit Prechts derzeit hitzköpfig diskutierter Forderung passiert? Rentner sollen, so forderte er, in die Pflicht genommen werden und sich 15 Stunden die Woche ehrenamtlich engagieren.

Man muss gegen Prechts Vorschlag nicht mit der Empörung aufgeschreckter Gutmenschen und Senioren-Lobbyisten argumentieren; allenfalls mit der Tatsachenbehauptung, dass sich viele Rentner bei uns schon viel intensiver als nur 15 Wochenstunden lang engagieren.

Suppenküchen, Tafeln, Gemeindebibliotheken oder Kinder- und Krankenbetreuung würden nicht funktionieren, gäbe es solche Senioren nicht. Recht hat Precht, wenn er darauf verweist, dass die kommenden Rentner-Generationen immer älter werden und immer länger gesund bleiben. Man kann diese aktiven »jungen« Senioren nicht einfach aufs Altenteil abschieben. Wir brauchen nicht nur eine kinder-, sondern auch eine alten-freundlichere Gesellschaft, die die Fähigkeiten der Senioren auch schätzt und will. Das »Altes Eisen«-Denken muss aus unseren Köpfen verschwinden, stattdessen sollten wir froh sein, welches riesige Potenzial wir in der Lebens- und Berufserfahrung der Älteren haben.

Mein erster TV-Beitrag vor 30 Jahren war ein Film über eine »Seniorenbörse«. Rentner boten dort jungen Leuten ihre Fertigkeiten und Fähigkeiten an: Kochen und Backen, Buddelschiffe und Drachen bauen, Nachhilfe und Vorlesen. Die Alten fühlten sich gebraucht, die Jungen unterstützt. Über diesen »Kitt der Gesellschaft« lohnt es sich ernsthaft nachzudenken, statt sich wohlfeil und vorschnell zu empören.

Weihnachten kostet nichts – aber es ist auch nicht umsonst!

Ich bin erleichtert, wenn alles vorbei ist – so reagierte die Kaufhaus-Kassiererin, als ich frohe Weihnachten wünschte. »Sie glauben ja gar nicht, was vor Heiligabend bei uns los ist«, meinte sie und erzählte von den Last-Minute-Kunden im Kaufrausch, die den Laden am letzten verkaufsoffenen Sonntag stürmen, als gäbe es kein Morgen mehr. »Das hat doch nichts mehr mit Weihnachten zu tun«, sagte sie dann beim Wechselgeld. Und hat dabei nur zur Hälfte recht.

Weihnachten hat etwas mit Geschenken zu tun, das sollte man sich nicht schlechtreden lassen. Ich will mir das Schenken nicht schenken, weil nichts schöner ist, als sich gegenseitig Freude zu machen.

Nicht umsonst gibt es im Deutschen dafür das tiefsinnige Wort »Aufmerksamkeit«. Etwas ganz Persönliches, mit Herz und Verstand ausgesucht, nicht die Protz- und Prachtgeschenke. Alles muss ein Maß haben, damit die Mitte nicht verloren geht: das Geschenk, das Gott uns macht. Deshalb feiern wir ja überhaupt Weihnachten, deshalb steht das Fest fest auf unserem Kalender auch im Jahr 2012 nach Christus.

Viele feiern Weihnachten als Waren-Olympiade: immer mehr, immer teurer, immer größer. So, als ob Gott nichts damit zu tun hätte, obwohl sogar die Zeitrechnung die Geburt Jesu zur Grundlage hat.

Das Drehbuch von Weihnachten kennt nicht nur die Kapitel Kommerz, Konsum und Kitsch. Weihnachten ist ein Geschenk, das nichts kostet, obwohl es nicht umsonst ist. Es ist die Aufmerksamkeit Gottes, die von der Krippe in unseren Alltag strahlt: Ich lasse euch nicht allein, ich denke an euch, ich tröste und helfe.

Wer ein Kind zur Welt bringt, glaubt an die Zukunft und hat diese Erde nicht aufgegeben. In Jesus Christus, dem Gottessohn, erkennen wir Gott als den liebenden Vater, dem das Elend dieser Welt nicht gleichgültig ist.

Und nicht als Neutrum wie Familienministerin Kristina Schröder, die ausgerechnet kurz vor Weihnachten die Anrede »das Gott« für möglich hält. Unsinn.

Die Bibel hat ein viel schöneres Bild parat. Der Prophet Jesaja, der die Geburt von Bethlehem sieben Jahrhunderte zuvor voraussagte, erklärt: »Gott kann trösten, wie einen eine Mutter tröstet.«

Dieses Geheimnis im Glauben anzunehmen, hat vielen

Menschen in Krieg, Krankheit und Katastrophen geholfen. Wer dieses Geschenk nicht auspackt, stößt an seine Grenzen, wenn er Hoffnung braucht.

So wie Hans Graf von Lehndorff, der 1944 als Widerstandskämpfer vor den Nazischergen genauso flüchten musste wie vor der Roten Armee. Zu Weihnachten dichtete er ein Lied, das heute noch aktuell ist:

Komm in unsre stolze Welt,
Herr, mit deiner Liebe Werben.
Überwinde Macht und Geld,
lass die Völker nicht verderben.
Wende Hass und Feindessinn
auf den Weg des Friedens hin.

Was im Leben wirklich wichtig ist

Ein Satz, der aufhorchen lässt: »Ich bereite mich auf den Tod vor.« Hubert Burda, Jahrgang 1940 und nach eigenen Worten kerngesund, verriet dies einem Kollegen der *Welt*.

Zum Imperium des Verlegers und Ehemanns der TV-Schauspielerin Maria Furtwängler gehört der *Focus* mit seinem häufig zitierten Motto »Fakten, Fakten, Fakten«. Passt das zu einem solchen Satz? Doch, gerade, denn ans Sterben zu denken, ist keine Flucht aus der Realität. Der Tod ist Realität, für jeden. »Mensch bedenke, dass du sterben musst, auf dass du klug wirst«, hieß es schon vor Jahrtausenden in den Psalmen der Bibel.

Mir fiel ein Buch von Bronnie Ware auf, das auch auf Deutsch erschienen ist. Die lebenskluge australische Krankenschwester schildert darin ihre Erfahrungen mit Todkranken auf einer Palliativstation, die es versäumt hatten, rechtzeitig klug zu werden.

Es sind Lektionen, die jedem zu denken geben. Der Titel des Buchs heißt: *Fünf Dinge, die Sterbende am meisten bereuen*. Bereuen, wenn es zu spät ist – was wohl das Schlimmste ist, das es gibt.

Am häufigsten beklagen die Patienten die unerfüllten Träume, den fehlenden Mut, ihr eigenes Leben zu leben und sich nicht dauernd von den Erwartungen anderer leiten zu lassen.

Das hat ja nichts mit Egoismus zu tun, sondern gehört zur Freiheit, für die der Mensch geschaffen ist. Zu viel arbeiten, die Jugend der Kinder oder die freie Zeit mit dem Partner verpassen – viele merken erst zu spät, dass die Tretmühle des Alltags einem wertvolle Lebenszeit für die Familie gestohlen hat.

Gefühle unterdrücken und alte Freunde aus den Augen verlieren, dieses Manko würden viele auf dem Sterbebett gerne wiedergutmachen, weil sie darüber verbittert und einsam geworden sind. Glück und Zufriedenheit sind auf der Strecke geblieben, lautet die niederschmetternde Bilanz.

Alles Dinge, so rät Bronnie Ware, die man mitten im Leben bedenken sollte. Dann, wenn man noch etwas ändern kann.

Heimat und Hauptstadt

Heimat ist dort, wo man sich versteht. Zu Weihnachten habe ich das – wie alle Jahre wieder – in meinem westfälischen Heimatdorf praktisch erlebt. Die Küche und Gerüche, die Sprache und Traditionen. Man fühlt sich sofort zu Hause. Seit über sechzig Jahren immer im Elternhaus mit seinen schönen Weihnachtsritualen, in der Christmette mit dem immer gleichen, zu Herzen gehenden Programm. Dabei hatte ich zum 3. Advent 2015 ein Interview gegeben, das in fast allen katholischen Bistumsblättern erschien – mit einer unglaublichen Resonanz. Als der Reporter mich nach Weihnachten fragte, donnerte ich ihm entgegen: »Mir graust es schon vor dem Heiligen Abend, was man da alles von der Kanzel zu hören bekommt!«

Mir ging es dann jedoch nicht wie einem allseits bekannten Auslandskorrespondenten, der mir in einer SMS schrieb: »Ich bin noch einmal in die Christmette gegangen. Was ich hörte, war das Gelaber eines Gleichstellungs- und Flüchtlingsbeauftragten.« Keine Silbe Frohe Botschaft, keine. Selbst bei den Bischofsworten zum »Fest« habe ich mich gefragt, was wir da eigentlich feiern. – Polit-Sprech von Leuten, die weder in ein Parlament gewählt sind noch irgendwelche politische Verantwortung tragen. Ich bin es leid, im Ton eines grüntheologischen Fundamentalismus religiös verprügelt zu werden. Meine (partei-)politische Meinung – und wie ich zum Beispiel die Flüchtlingskrise beurteile – bilde ich mir aus der

Nachrichtenlage, nicht aus pfarramtlichen Privatoffenbarungen in der Christmette. Diese elende Entmündigung von Christen, die wie Schäfchen behandelt werden, denen der Herr Pastor mal kurz diktiert, wie man politisch (korrekt!) zu ticken hat. Parteinahme »auch für das Gute«, wie Hanns Joachim Friedrichs uns Journalisten mit auf den Weg gab, verbietet sich erst recht für Kirche. Hier zählt das Verhältnis zu Gott und nicht zu einer Partei(-nahme). Diese pausenlosen politischen Plattitüden von Unberufenen lassen ja nur die Armut in deren Herzen erkennen. Denn wem das Herz voll ist, dem geht der Mund über.

Solche Herzensbotschaft erlebte ich in meiner Heimat: Heiligabend, überfüllte Kirche, viele Jugendliche. Und eine junge Pastorin, die kein einziges Mal das Wort »Flüchtling« in den Mund nahm und nicht eine Silbe Politreligion indoktrinierte. Kein einziges Mal! Keine Silbe! Nur pures Evangelium, Frohe Botschaft in Reinkultur, die die Herzen erreichte, den Verstand schärfte und Mut machte. Auch für die gesellschaftlichen Herausforderungen, ohne sie oberlehrerhaft zu benennen. Jeder wusste Bescheid. Eine Frau, die dem Evangelium etwas zutraut! Wie es viele Pastoren in ihren Gemeinden tun. Leider machen die anderen mehr von sich reden als die »Stillen im Lande«.

In Berlin setzt ausgerechnet der Fußball Weihnachts-Maßstäbe! Die »Alte Försterei«, Stadion des Zweitligisten 1. FC Union im tiefsten Osten An der Wuhlheide, am Tag vor Heiligabend mit 28 500 Besuchern überfüllt, die Karten seit Monaten ausverkauft. Was 2003 mit 89 (!) Fans begann, gehört für den meist atheistischen Berliner Osten inzwischen zur »Heimat«: Weihnachtslieder-Singen. Hunderttausend Kerzen, Kinderchor, Glühwein und Bratwurst. Es beginnt mit der Hymne von *Eisern Union*, dann geht es weiter mit »O du fröhliche«, »Alle Jahre wieder« bis hin zu »Stille Nacht«. 17 schöne alte Weihnachtslieder! Pures Evangelium! Das einzig gesprochene Wort: die Weihnachtsgeschichte aus dem Lukasevangelium, eindrücklich verlesen vom 78-jährigen Pfarrer Peter Müller.

»Wenn Jesus und Fußball aufeinandertreffen«, titelte die *Berliner Morgenpost* ihren Artikel zur »eindrucksvollsten Missionsveranstaltung Deutschlands«. Ja, Jesus genügt. Mehr gibt es an Weihnachten ja auch nicht. Aber weniger sollte es nicht sein. Es geht auch ohne »Gelaber«. Und auch ohne Vorurteile, wie ich sie hatte. Es war eine echte Weihnachtsüberraschung, die ich in meiner Heimat erlebte.

Ähnlich wie an einem heißen Hochsommer-Sonntag in Berlin. Mit meinen Eltern fuhr ich zum Gottesdienst im Berliner Dom. Als der damalige Bischof Wolfgang Huber die Kanzel betrat, flüsterte ich meiner Mutter zu, die noch heute ein besseres Gehör hat als ich: »Blätter mal lieber ein bisschen im Gesangbuch, es wird jetzt bestimmt ganz schlimm.« Mein (Vor-)Urteil: Huber steht für linke Politik. Und tatsächlich begann er auch entsprechend, dass es ja gestern die Love-Parade in der Hauptstadt gegeben habe ... Au weia! Doch dann legte er los, aber völlig anders als erwartet, eine Überraschung, die mir die Tränen in die Augen trieb: »Gestern war die Love-Parade. Rund eine Million junger Leute suchten nach Liebe und Frieden. Doch sie haben sich alle in der Adresse geirrt!« Wummmmms! Ich war platt, meine Mutter ganz Ohr: »Denn wahre Liebe gibt es nur bei Jesus Christus! Friede hat einen Namen: Jesus. Liebe hat einen Namen: Jesus.« Als wir uns später, gemeinsam im Rat der EKD sitzend, duzten, habe ich immer wieder davon erzählt, wie sehr mich dieser Gottesdienst mit seiner unerwarteten Predigt bewegt hat. Und Vorurteile abgebaut hat.

Als zum Jahreswechsel 2015/16 wieder das allgemeine Polit-»Gelaber« der neuen Theologengeneration einsetzte, konterte Wolfgang Huber, der immer noch ein gesellschaftspolitisches Schwergewicht ist, mit einem einzigen Satz, seiner Neujahrsbotschaft in knappster Form, auch von der Nachrichtenagentur *IDEA* in alle Welt getragen: »Wer seine Hoffnung auf Jesus Christus setzt, muss keine Angst haben.« Punkt! Oder besser: Amen!